《会计法》解读

《会计法》修订：谱写中国会计法治建设新篇章

唐国平 等 ◎ 编著

中国财经出版传媒集团
中国财政经济出版社
北京

图书在版编目（CIP）数据

《会计法》解读 : 《会计法》修订 : 谱写中国会计法治建设新篇章 / 唐国平等编著. -- 北京 : 中国财政经济出版社, 2024. 8. -- ISBN 978-7-5223-3388-5

Ⅰ. D922.265

中国国家版本馆CIP数据核字第20249ZT519号

责任编辑：樊清玉　温彦君　　　责任校对：张　凡

封面设计：智点创意　　　责任印制：史大鹏

《会计法》解读

——《会计法》修订：谱写中国会计法治建设新篇章

《KUAIJIFA》JIEDU

——《KUAJIFA》XIUDING：PUXIE ZHONGGUO KUAIJI FAZHI JIANSHE XINPIANZHANG

中国财政经济出版社 出版

URL：http：//www. cfeph. cn

E－mail：cfeph@ cfeph. cn

社址：北京市海淀区阜成路甲 28 号　邮政编码：100142

营销中心电话：010－88191522

天猫网店：中国财政经济出版社旗舰店

网址：https：//zgczjjcbs. tmall. com

北京鑫海金澳胶印有限公司印刷　各地新华书店经销

成品尺寸：170mm×240mm　16 开　13. 75 印张　191 000 字

2024 年 8 月第 1 版　2024 年 8 月北京第 1 次印刷

定价：68. 00 元

ISBN 978－7－5223－3388－5

（图书出现印装问题，本社负责调换，电话：010－88190548）

本社质量投诉电话：010－88190744

打击盗版举报热线：010－88191661　QQ：2242791300

前言

2024年6月28日，全国人大常委会审议通过了《关于修改〈中华人民共和国会计法〉的决定》，并从2024年7月1日起施行。这标志着我国会计法治建设和会计事业迈入了一个新的发展时期。此次《会计法》修订，对于贯彻落实党的二十大精神，进一步加强财会监督，切实提高会计信息质量，维护市场经济秩序，推动经济高质量发展，具有极其重要的意义。

以立法的方式对会计行为予以规范，是目前世界上多数国家的一致选择。将会计规制形式上升到法律层面，也充分证明了马克思在《资本论》中所讲的“过程越是按社会的规模进行，越是失去纯粹个人的性质，作为对过程的控制和观念总结的簿记就越是必要”。国内外社会经济发展的现实，同样佐证了“经济越发展，会计越重要”。

2014年10月，党的十八届四中全会通过《关于全面推进依法治国若干重大问题的决定》，第一次以执政党最高政治文件和最权威政治决策的形式，对在历史新起点上全面推进依法治国、加快建设法治中国，作出了具有里程碑意义的战略部署；对全面推进科学立法、严格执法、公正司法、全民守法和加强中国特色社会主义法治体系建设，作出了前所未有的顶层设计和整体规划。

以《会计法》为代表的会计规制是我国经济法律制度体系的重要组成部分。已有研究表明，会计信息是一种“公共产品”，具有“公共属性”，会计信息质量不仅影响到资本市场的运行效率，而且还影响着资本市场参与者尤其是特定市场主体利益相关者的经济利益分配结果；会计信息不仅是微观经济主体（如企业）进行生产经营决策、提升管理效率的重要依据，也是政府进行宏观管理与调控决策的重要依据。会计行为，特别是经济主体对外部提供财务会计信息的行为，具有法律行为的基本特征，属于有可能、有必要由法律来调整和规范的行为。

始于1978年的改革开放，决定性地改变了全体中国人民以及整个中华民族的命运。1984年10月，党的十二届三中全会通过《中共中央关于经济体制改革的决定》，明确提出中国要实行“有计划的商品经济”。在我国由高度集中统一的“计划经济体制”转型为“有计划的商品经济体制”伊始，我国政府于1985年首次颁布并实施了《中华人民共和国会计法》，说明会计工作在经济转型与发展过程中具有特殊意义。

1992年春，邓小平同志在南方谈话时提出要建立社会主义市场经济体制。同年10月，党的十四大正式确立了“我国经济体制改革的目标是建立社会主义市场经济体制”。为了适应我国建立社会主义市场经济体制的需要，1993年12月，全国人大常委会通过了《关于修改〈中华人民共和国会计法〉的决定》，明确把“维护社会主义市场经济秩序”作为会计工作的根本目标。同时，经国务院批准，财政部于1992年11月发布了《企业会计准则》，以期借助于会计准则这种市场经济环境中的会计行为规范方式来促进我国市场经济的快速发展。

股份公司在我国的大量涌现和股份制经济的迅猛发展，是20世纪90年代我国探索建立社会主义市场经济体制的直接成效。90年代初期，上海和深圳两个证券交易所的设立与运行，有力地推动了我国资本市场的快速发展。而体现财产所有权的股权以及资本的流动，全社会范围内的资本资源的合理配置，必须以真实、可靠、具有决策有用性的会计信息作为基础。为了适应我国资本市场发展的客观需要，我国于1999年对《会计法》进行了全面修订，并于2000年7月1日起开始实施。此次修订，特别强调了单位负责人对会计信息的真实性和完整性需要承担的法律责任，并专门增加了“公司、企业会计核算的特别规定”内容，以便在法律层面规范公司制企业对外部提供会计信息的行为。

2001 年，中国正式加入世界贸易组织（WTO），标志着我国开始全面融入经济全球化以及资本流动国际化，我国社会主义市场经济体制的建立与完善进入加速期。2006 年 2 月，我国政府首次发布包括 1 项基本准则和 38 项具体准则在内的企业会计准则，构建了既与国际财务报告准则实质趋同，又适应中国市场经济发展现实需要的企业会计准则体系。然而，在我国社会经济高速发展的同时，贫困、腐败、环境污染、产能过剩、经济风险、就业结构性矛盾、食品药品安全隐患等问题依然存在，加之西方国家在科技、贸易等领域对我国的围猎，实现中华民族伟大复兴仍然面临诸多艰难险阻。

十多年来，我国政府通过精准扶贫、反腐倡廉、供给侧结构性改革、全面依法治国、国家治理体系与治理能力现代化等有效措施，应对来自国内外的挑战与困难，在实现“中国梦”的道路上披荆斩棘、砥砺前行。在会计领域，会计工作的部分根本性制度（如会计管理体制、会计监管机制以及会计信息质量保障机制等）在一定程度上已经不能完全适应我国社会经济发展的现实需要，因而必须对作为会计工作“根本法”的《会计法》作进一步的修改和完善。2017 年 11 月，根据政府职能转变以及“放、管、服”（即“简政放权、加强监管、优化服务”）的要求，全国人大常委会对《会计法》中涉及“会计从业资格证书”的内容与条款进行了修改，核心内容是取消了从事会计工作必须取得“会计从业资格证书”的法律规定。但对于《会计法》的其他相关内容，并未进行修订。

其实，进入 21 世纪以来，会计学者和会计实务工作者都十分关注新修订的《会计法》的实施情况，并就发现的问题提出了很多改进建议。财政部也多次组织召开《会计法》实施情况座谈会，听取各方的意见与建议。从 2014 年开始，财政部又着手开展了新一轮《会计法》修订的调研工作，2016 年财政部会计司还将“完善会计法律法规”作为当年的第一项重点工作。

2016 年 4 月，财政部以“与共建高校联合研究课题”名义设立了

“《会计法》修订相关问题研究”项目，委托以财经与法学学科融合为特色的中南财经政法大学的专家对《会计法》修订方案进行研究论证。2017年12月，课题组提交的研究报告以及“《中华人民共和国会计法》修订草案（建议稿）”顺利通过财政部组织的专家评审。2019年10月22日，财政部就《中华人民共和国会计法》修订草案（征求意见稿）再次公开向全社会征求意见。

课题组由中南财经政法大学会计学院唐国平教授担任组长，会计学院时任副院长王华教授、法学院时任副院长黎江虹教授担任副组长。课题组成员还有来自中南财经政法大学经济管理学科与法学科的多位专家，他们是会计学院王昌锐教授、吴德军教授、张琦教授、冉明东教授、贺欣副教授、陈辉副教授、潘晓波副教授、史永教授，统计与数学学院杨青龙教授，财政与税务学院王银梅教授，法学院王永强副教授、吴京辉教授和陈虹副教授。

经过历时两年的调查研究，课题组取得了一系列研究成果。除课题研究报告顺利通过结项评审外，课题组提交的“《中华人民共和国会计法》修订草案（建议稿）”被财政部采纳；反映课题研究成果的系列论文分别在《会计研究》（2篇）和《财务与会计》杂志“聚焦《会计法》修订、续写会计法治建设新篇章”专栏（5篇）公开发表。2021年至2024年，财政部将“《中华人民共和国会计法》修订草案（送审稿）”分别提交国务院和全国人大常委会后，唐国平教授和黎江虹教授一直作为特邀专家参加后期相关的修改和完善工作。

2018年，中国会计学会设立重点会计研究课题——“会计立法国际比较研究”。该项目由唐国平教授担任主持人，吴德军教授、黎江虹教授、陈辉副教授以及博士研究生邹梦琪、硕士研究生周昱成和牛晨耕等为课题组成员。2019年年初，课题组完成研究工作并提交了研究报告。2019年6月，该课题结项成果被评为“优秀”。就研究内容而言，该课题实际上是“《会计法》修订相关问题研究”项目的延伸与后续研究。

值此新《会计法》正式施行之际，应中国财政经济出版社邀请，我们结合多年来对《会计法》修订进行研究的心得体会和对《会计法》法治观念、社会价值、立法目的及其具体条款的领悟、认知和理解，编撰了《〈会计法〉解读——〈会计法〉修订：谱写中国会计法治建设新篇章》一书。目的在于帮助全国会计工作者、单位经营管理人员、政府部门监督检查人员等，全面、深入了解《会计法》的基本精神、基本要求和具体规定，熟悉单位会计工作的职责权限和基本规则，知晓会计工作违法行为的法律责任。

本书的主要内容包括两部分：一是《会计法》条文解读。主要是对修订后的《会计法》各个具体条款法律规定的具体含义进行解释，同时为了便于读者理解，还以“进一步解读”方式阐述了与该条款相关的专业知识、理论认知、法规背景或相关法律要求。二是《会计法》修订研究。这部分内容是课题组完成的有关《会计法》修订的主要研究成果，是在课题调查与研究过程中形成的关于《会计法》如何修订、如何完善的思考、想法和建议，尽管其内容并未完全体现在修订后的《会计法》中，但它们是现行《会计法》形成所经历的重要历史过程。研究成果中的很多想法或观点，可能显得有些“超前”而不太现实，但“提出问题往往比解决问题更重要”。此外，本书还附有现行《会计法》全文和此次《会计法》修订的主要内容。

本书成稿是课题组全体成员共同努力的结果。付梓之际，特别感谢中南财经政法大学以及财政部综合司、会计司等在项目研究期间对课题组给予的大力支持。特别感谢全体课题组成员和研究助理辛勤付出的钻研精神、专业智慧和真正的团队观念与行动。特别感谢中南财经政法大学社会科学研究院时任副院长汪锋教授和王诗苇、覃津津老师等对课题研究工作的关心和支持。特别感谢中国财政经济出版社樊清玉编审的真诚邀请和大力帮助，能够让本书与各位读者见面。硕博研究生刘金洋、宋祎凡、姜姗、黄家强、孟思聪、黄真真、金恩雨、杨琦、胡其昊、席雅兰、李腊梅、郝启泽、王宇璐等以研究助理身份分别参与了课题的研究工作，贡献了他们优秀的专业能力和饱满的工作热情，在此深表谢意。本书编撰过程参阅、借鉴了大量关于《会计法》修订的文献资料和研究成果，谨向各位作者和专家一并致谢。

《会计法》的修订与完善，事关我国会计法治建设、我国经济建设乃至整个社会法治建设的“公平与效率”，是一项需要长期付出艰辛的工作。让我们一起努力，共绘中国会计事业的“诗与远方”。

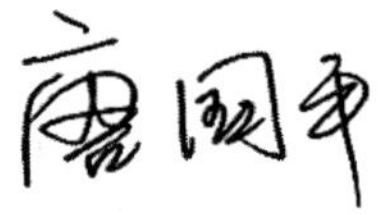

2024年7月于武昌南湖陋室

目录

第一部分

《会计法》条文解读

第一章 总 则

第一条 为了规范会计行为，保证会计资料真实、完整，加强经济管理和财务管理，提高经济效益，维护社会主义市场经济秩序，制定本法。

【条文解释】本条规定了《会计法》的立法目的和规范内容。

《会计法》立法的直接目的是规范单位的财务会计核算行为，包括会计确认、计量、记录和报告，从而确保与会计核算相关的会计凭证、会计账簿和财务会计报告等会计资料的真实性和完整性。也就是确保会计信息质量，杜绝会计造假。由于财务会计报告等资料是单位进行财务管理、业务管理等经济管理活动的基础，因此必须通过规范单位的会计核算行为来提高会计信息质量，从而促进单位强化其财务管理和经济管理活动，并进而提高单位的管理效率与经济效益。同时，在市场经济环境下，会计信息已经成为一种“公共物品”，会计信息质量不仅直接影响市场参与者的切身利益，而且影响市场特别是资本市场的正常运行和整个社会经济资源的配置效率。因此，《会计法》立法的最终目标是，通过以法律方式来规范单位的会计行为以及与会计信息质量相关的监管行为，从而强化政府对会计信息质量的监督，确保会计信息真实、完整，维护社会主义市场经济秩序。

进一步解读

《会计法》仅规范单位的会计核算（即财务会计）行为，以及与会计信息质量相关的管理（如单位会计机构设置与会计人员管理）与监督（如政府会计监督）行为。

《会计法》规范的对象是单位的会计行为，亦即常说的“会计工作”，但并非一个单位所有的会计工作内容都由《会计法》来规范。就特定单位（如企业）而言，会计工作包括会计信息“提供”和会计信息“利用”两大部分，也就是马克思在《资本论》中描述簿记时所讲的“观念总结”和“对过程的控制”。我国《会计法》主要规范单位会计信息的提供（包括会计信息生成与披露）以及与会计信息质量直接相关的其他行为。单位进行的以投融资管理为主的财务管理和单位内部成本管理会计工作，不属于《会计法》规范的内容。

会计信息“提供”就是传统意义上的财务会计核算，包括会计确认、计量、记录和报告，即通常所讲的“记账、算账、报账”。财务会计核算是特定主体依照国家（甚至国际）通用的会计标准（如企业会计准则、政府会计准则等），运用会计特有的程序、技术与方法，将该主体一定时期的财务状况、经营成果和现金流量等财务会计信息披露出来。财务会计信息不仅是特定主体进行经营活动与管理活动决策、提高经济效益或管理效率的重要依据，也是政府管理部门对宏观经济活动进行有效管控的重要依据。就企业而言，市场经济条件下的企业是一个独立的市场主体，其与外部其他市场主体（如投资者、债权人等）之间存在资源、信息等方面的“互动”和“交流”关系，企业在客观上需要投资者投入资本，需要商业银行提供长短期贷款，而投资者和银行等债权人则需要企业提供能够让它们作出是否投资、是否贷款决策的信息。因此，外部利益相关者对企业的会计信息需求就成为财务会计核算的一个主要目标。在市场经济环境中，财务会计信息是资产定价、市场交易和资源优化配置的重要基础，因而财务会计信息质量直接影响到市场（特别是资本市场）的正常运转和资源配置效率。特别是，财务会计信息一旦进入市场就成为一种“公共产品”，就具有了“公共属性”，因此，财务会计行为就实质性地影响到企业利益相关者的利益，成为一种法律意义上的具有明确的“社会指向”、需要由法律来加以规范的行为。

会计信息“利用”是指特定主体对财务会计信息进行分析利用，并结合其他信息资源，对其经营活动与管理活动实施控制或影响，主要包括财务管理行为和管理会计行为。财务管理以特定主体的“投资与融资”活动为主要内容。比如，企业从事生产经营活动以及扩大规模、扩展业务所需的资金如何通过金融市场与资本市场获取，企业有了富余资金（“闲钱”）又如何使其增值，是为了获取短期收益（如短期持有股票或债券）还是长期收益（如出于延长产业链的目的而通过并购等方式获得对其他企业的控制权）。从本质上看，企业主体的财务管理就是利用金融与资本市场来实现一个企业的价值增值，所以它也被称为“公司金融”。与财务管理面向外部资本市场不同，管理会计是立足于特定主体内部的价值资源优化配置行为。管理会计行为有两个特点：一是以成本控制为基础，也就是尽量用最少的现有资源消耗去获取最大的价值或经营与管理效果；二是管理会计方法的应用必须与生产经营活动或业务管理行为实质性地融为一体，立足“业务活动”，服务“业务活动”，同时也引导“业务活动”。

由于特定主体的投融资、股利分配、纳税等财务管理行为，已经有《证券法》《公司法》《商业银行法》以及《税收征收管理法》等相应法律进行规范，按照法律制定或修订“填补空白”的原则，现行《会计法》不需要再对作为会计工作内容的财务管理行为予以规范。而管理会计行为由于不直接涉及外部其他主体的利益，属于单位的“私行为”，因而一般也不需要用法律的形式加以规范。因此，《会计法》只需要而且也必须对特定主体的“会计信息提供”（即财务会计核算行为）予以规范。从国外情况来看，无论是英美法系国家还是大陆法系国家，《会计法》或相关法律（如商法或公司法等）对会计行为的法律要求，均只针对以提供会计信息为目的的财务会计核算行为①。

除单位提供会计信息的行为本身外，影响到会计信息提供以及会计

---

① 西方主要国家针对会计行为立法的重点是会计信息的真实性与及时性，对会计凭证与账簿等资料保管的法律要求均较为具体和明确。

信息质量的其他相关行为，也应当在《会计法》中加以规范。这主要包括三方面：一是作为财务会计报告（会计信息）质量保障制度基础的会计稽核与内部控制制度。特别是，内部控制制度解决的是会计信息产生的前端即经济交易本身的真实性与合规性问题。大量的理论研究与实践已经证明，单位健全、有效的内部控制制度可以基本保证会计信息的真实与完整。二是作为会计信息质量“守门人”的注册会计师及其审计。按市场游戏规则与现行的种种制度安排，只要会计信息进入市场（或者涉及外部其他利益相关者的利益），作为决策依据的财务会计报告就应当由具有法律认可资格的注册会计师来进行鉴证（即审计）。这是确保会计信息质量的一种制度安排，也是国际通行的做法。由于注册会计师的审计行为有专门的《注册会计师法》来加以规范，因此，《会计法》主要对如何保证注册会计师顺利实施审计工作（如规定单位必须向注册会计师如实提供会计资料等）作出了明确规定。三是对会计信息质量监管以及相关的业务监管行为予以规范，主要包括政府财政部门对会计信息质量的监管和与会计信息相关的审计监管、税收监管、金融监管、证券监管等行为。

通过法律方式对单位提供会计信息的行为及其相关行为进行约束，其直接目的是规范会计主体的财务会计核算行为，保证会计资料真实、完整，提高会计信息质量。在市场经济条件下，高质量的会计信息是单位加强经济管理与财务管理、提升决策质量和提高经济效益的基础。以法律形式来调整与财务会计信息及其质量相关的各种社会关系，其最终目的是确保市场（特别是资本市场）的正常运转，维护社会主义市场经济秩序。

2020 年 1 月，习近平总书记在中国共产党第十九届中央纪律检查委员会第四次全体会议上指出，财会监督是“党和国家监督体系”的重要组成部分，要“加强财会监督”。党和国家的监督体系是由“党内监督”和“人大监督、民主监督、行政监督、司法监督、审计监督、财会监督、统计监督、群众监督、舆论监督”等有机构成的整体。财会监督包括对财政收支活动与财务收支活动的监督和对会计工作的监督。其中，从国家监督体系这个宏观层面来看，对会计工作的监督主要是对会计主体及其提供的会计信息质量的监督①。因此，通过及时修改和不断完善《会计法》来强化财会监督，也是完善党和国家监督体系的重要内容。

第二条　会计工作应当贯彻落实党和国家路线方针政策、决策部署，维护社会公共利益，为国民经济和社会发展服务。

国家机关、社会团体、公司、企业、事业单位和其他组织（以下统称单位）应当依照本法办理会计事务。

【条文解释】本条规定了会计工作的基本原则和会计主体以及《会计法》的适用范围。

本条强调了会计工作的政治导向和社会服务功能。会计信息既是单位经营管理决策的依据，也是投资者、债权人等市场参与者进行经济决策的依据，还是国家宏观管理决策的依据，会计工作事关社会公共利益和社会经济发展。因此，会计工作必须坚持党的领导，认真贯彻、落实党和国家的路线、方针、政策，切实维护社会公共利益，积极为国民经济和社会发展服务。

会计主体是指完整运用会计方法进行会计核算和编制财务会计报告的组织（单位）。会计主体可以不是法人主体，如单位的内部机构或部门。按《会计法》规定，我国的会计主体包括国家机关、社会团体、公司、企业、事业单位和其他组织等。这些单位都应当依照《会计法》的规定开展会计工作，包括对单位所发生的经济业务事项进行会计确认、计量、记录和报告，按规定设置会计机构和配备会计人员或者依法委托具有法定资格的代理机构记账，建立相应的稽核与控制制度等，以确保会计资料真实、完整。

---

① 有学者认为，加强财会监督包含了“强化单位会计工作的监督职能”，这种认识无论在理论上还是实践中都缺乏充足的依据，需要从理论与实践层面进行反思。

进一步解读

从法律的地域适用效力范围来看，《会计法》的地域适用范围及于全国，包括我国的驻外使领馆，但依据《宪法》《香港特别行政区基本法》和《澳门特别行政区基本法》的规定，除两个基本法附件中规定的特别行政区适用的全国性法律外，其他法律不适用于特别行政区。目前，《会计法》不适用于香港和澳门两个特别行政区。

从法律对人的效力范围来看，《会计法》对人的效力范围及于两类人：一是办理会计事务的单位和个人，如国家机关、社会团体、公司、企业、事业单位和其他组织等，其中的个人包括办理会计事务的会计人员和会计机构负责人，以及与会计事务直接相关的其他工作人员，如提供购货发票、销货发票等原始凭证的业务经办人员或管理人员等；二是依法对单位会计行为进行监督管理的机构或组织和人员，如财政部门和税务、审计、金融监管等国家经济监管部门及其人员，会计师事务所及其人员等。特别强调的是，《会计法》不是仅约束单位会计人员的法律，而是涉及与会计工作有关的所有人员。

第三条　各单位必须依法设置会计账簿，并保证其真实、完整。

【条文解释】本条规定了单位会计账簿的设置要求。

单位必须依照《会计法》和国家统一的会计制度（如《会计基础工作规范》）的规定，设置会计账簿。针对发生的经济业务事项，应当根据审核无误的会计凭证及时登记会计账簿，并定期对账、结账，做到账证、账账、账实相符，以确保会计账簿真实、完整。

进一步解读

会计账簿（账户）的本质特征是分类、系统地记录经济业务事项的发生过程和结果。比如，银行存款账户记录的就是某一特定期间因经济业务发生而导致的银行存款增加和减少情况，银行存款账户可以提供单位银行存款期初与期末结存数量、期内增加与减少数量等信息。其他账户亦是如此。会计账簿记录的经济业务信息（账户余额和发生额），是财务会计报告信息的直接来源。同时，会计账簿也是深入了解单位经济活动详细情况的“直观材料”。

按照国家统一的会计制度规定和单位会计业务的实际需要，各单位一般应当设置总分类账、明细分类账、日记账和其他辅助性账簿。从记录的内容来看，总分类账是最重要的会计账簿，它用来全面记录单位的全部经济业务，也是编制财务会计报告的直接依据。因此，总分类账的设置需要考虑单位经济活动的规律与特点，同时还必须考虑会计信息使用者的需求。明细分类账和日记账的设置是基于单位内部管理（如存货管理、债权债务管理、股权管理、成本费用管理、现金管理等）的特殊需要，其在记录内容与数量关系上都受制于总分类账，是对总分类账的一种“印证”。

第四条　单位负责人对本单位的会计工作和会计资料的真实性、完整性负责。

【条文解释】本条规定了单位负责人的会计责任。

单位负责人应当确保单位会计机构与会计人员依法、有序地开展会计工作和行使法律法规所赋予的权力，并对会计资料的真实性与完整性承担法律意义上的责任。比如，单位存在“在规定的会计账簿之外另设会计账簿”（俗称“私设账簿”）、“提供虚假或者隐瞒重要事实的财务会计报告”等较为严重的违法行为时，单位负责人需要承担相应的法律责任，而不得以“不知晓”“不懂专业”等理由推卸或逃避责任。

会计资料的真实性是指单位的会计确认、计量、记录和报告应当遵循《会计法》和会计准则等国家统一会计制度的要求，如实反映经济活动的客观现实而不得偏离经济活动的实际情况，不得弄虚作假；会计资料的完整性是指与会计核算相关的会计凭证、会计账簿和财务会计报告等资料，不得遗漏、残缺或损坏。

进一步解读

本法“附则”部分对单位负责人进行了界定，即“单位负责人是指单位法定代表人或者法律、行政法规规定代表单位行使职权的主要负责人”。单位法定代表人是指由法律或者法人组织章程规定、代表法人对外行使民事权利、履行民事义务的负责人；而法律、行政法规规定代表单位行使职权的主要负责人，是指除法人外的，法律、行政法规规定代表单位行使职权的单位负责人，如代表合伙企业执行合伙事务的合伙人等。

单位负责人对本单位的会计工作和会计资料的真实性、完整性负责，其主要理由：一是从理论上分析，一个单位的会计工作是其整个管理工作不可分割的一部分①，单位会计机构与会计人员所进行的会计核算、提供会计信息的行为，实质上是单位主体的管理行为之一，因此，单位负责人理应对包括会计工作在内的所有管理工作承担责任；二是从实践或现实来看，会计工作（如财务会计报告信息披露）关系着企业的切身利益，单位负责人是财务会计报告信息披露等会计工作重大问题的实际决策者，因此，单位负责人理应对会计工作承担责任。

会计资料的真实性内涵可以从两个方面理解，一是理论上的真实性；二是实务中（或法律上）的真实性。前者是指会计资料（会计信息）“百分之百”地再现经济活动的现实情况，也就是绝对真实。鉴于目前的会计理论研究水平以及会计准则或制度的制定水平，单位提供的会计信息尚无法绝对真实地反映经济活动的现实情况。正因如此，会计准则还存在进一步改进的空间，会计准则质量还需要不断提升。会计信

① 管理理论之父亨利·法约尔（1841—1925）认为企业的全部活动（或职能）包括技术、商业、财务、安全、会计和管理六项内容。会计是企业基本的活动或职能之一。

息的绝对真实，是一种“境界”，也是会计理论研究人员和会计准则制定人员应当追求的目标。而现实工作中的会计信息真实，是指会计主体严格依照《会计法》和会计准则等国家统一的会计制度进行会计核算（即会计信息的加工处理）和信息披露，不存在违背现有会计规则的情形，这样的会计资料或会计信息，在法律上就是真实的。从理论逻辑上讲，具有法律意义上的真实性的会计信息（或会计资料），不一定能够完全真实地“再现”经济活动的客观现实，但这与单位负责人和会计人员的责任无关，其根源在于会计理论和会计技术与方法尚存在一定缺陷。

第五条　会计机构、会计人员依照本法规定进行会计核算，实行会计监督。

任何单位或者个人不得以任何方式授意、指使、强令会计机构、会计人员伪造、变造会计凭证、会计账簿和其他会计资料，提供虚假财务会计报告。

任何单位或者个人不得对依法履行职责、抵制违反本法规定行为的会计人员实行打击报复。

【条文解释】本条规定了单位会计机构和会计人员的职责，也明确了会计人员的合法权益受到法律保护。

依照《会计法》规定进行会计核算和实行会计监督，是单位会计机构和会计人员的法定职责，也是法定权力。就责任而言，会计机构和会计人员有义务依法进行会计核算和实行会计监督，不得违反《会计法》和国家统一的会计制度规定记录经济业务和披露财务会计报告、提供虚假会计信息。就权力而言，会计机构和会计人员依法依规进行会计核算和实行会计监督，是法律赋予的神圣权力，任何单位或个人不得以任何方式（如授意、指示、强令）要求会计人员实施违法的会计行为，如伪造、变造会计资料（包括会计凭证、会计账簿和其他会计资料）和提供虚假财务会计报告。同时，会计机构和会计人员有权抵制违反《会计法》规定的行为，如不按规定设置会计账簿、私设会计账簿等。要求会计机构和会计人员实施违法行为，对依法履行职责、抵制违反《会计法》规定行为的会计人员进行打击报复，本身就属于违法行为，必须依照《会计法》及其他相关法律承担相应的法律责任。

进一步解读

会计核算是指依照会计准则等国家统一的会计制度对单位所发生的经济活动（经济业务事项），进行会计确认、计量、记录和报告，也就是通常所说的记账、算账、报账。会计核算的基本目的是为单位的内、外部信息使用者，提供关于单位一定时期的财务状况、财务成果和现金流量等信息，以满足其决策的需要。单位内部的会计信息使用者包括单位内部各级管理层和全体员工，单位会计信息的外部使用者包括投资人（股东）、债权人（如银行、供应商）、政府监管机构以及社会公众等。

一般认为，会计监督是指会计机构和会计人员运用特有的会计方法，对单位经济活动过程与结果进行制约和控制，具体表现为通过会计确认等程序将不合规以及不符合单位管理要求的经济活动排除在会计（核算）信息系统之外，从而抑制违法违规和无效率、无效益的经营与管理行为，以实现控制风险和提高效率的目标。

会计核算和会计监督是单位会计机构与会计人员的法定职责，但不是其全部职责。除法定职责外，单位会计机构和会计人员还凭借自身的专业优势、利用自身的专业特长，参与甚至主导单位的相关重大决策与管理活动，主要表现在基于单位经济活动现实和未来发展（战略层面）需要的融资与投资活动（即单位财务管理），以及基于核心竞争力提升（如技术领先优势与产品质量）的单位内部资源优化配置（如实体企业以价值创造为核心的供应、生产、销售、人才、技术、管理等全过程、全方位的资源整合与优化）（即单位管理会计）。

特别值得说明的是，会计具有“监督”职能的观点，源自中华人民共和国成立后作为我国会计工作主管部门的财政部统编的第一本高等学校会计教材、1963 年由中国财政经济出版社出版的《会计原理》。该教材由时任财政部会计制度司副司长杨纪琬教授、厦门大学葛家澍教授、中国人民大学赵玉珉教授、上海财经大学娄尔行教授和吴诚之教授五位大师级学者共同编写，“这本书在内容、体系尤其是某些基本会计观点等方面，对原苏联的《会计核算原理》有较大的突破和创新，在一定程度上体现从全部照搬，到有分析地借鉴苏联会计教材的转变，尽可能反映了中国的特色”（葛家澍，2012）[①]。该教材将会计的职能（功能）归结为“如实反映和加强监督”这两个方面，此后会计具有核算和监督职能，便一直成为会计学界与实务界认识和理解会计基本职能的最权威观点。

如何理解会计监督职能的内涵？在上述《会计原理》著作中，会计“加强监督”的职能，是“强调在会计处理的各个环节，尤其在凭证审核、财产清查这两个环节要按财务活动或财务收支的合法、合规与合理性进行审查。凡不合法、不合规章制度以及不合理的支出和收入，都不得入账，从而就制止了有问题的现金、财产与物资的流出和收入”（葛家澍，2012）。这应该是会计学界对会计监督职能最具“初心”的认知和解读。所谓会计的监督职能，其实质就是通过会计确认行为（包括会计确认标准与确认方法等）来约束或调控经济活动。

会计监督职能观点的提出以及单位内部会计监督职能的履行或发挥，有其独特的历史背景。一是当时处于计划经济体制的大背景下，企业国有国营，不是独立自主的经济主体，而只是国家行政机构的“附属物”，因此，政府部门利用会计工作天然的“信息优势”来监督企业的经济活动，成为一种“明智”（如监督成本最小化）的选择；二是中华人民共和国成立后，我国的计划经济体制及其管理模式基本上是借鉴前苏联模式，会计理论与方法体系亦是如此，因此，前苏联学者关于会计基本理论与基本会计概念的认识同样深深地影响着同时代的我国会计学者。不可否认的是，从会计实践的历史来看，单位会计核算和会计监

① 葛家澍．《会计原理》出版 50 周年回忆（片段）——关于该书中若干基本会计概念及其表述［J］．财会学习，2012（6）．

督职能的充分发挥，对于我国计划经济体制的逐步确立、经济秩序的迅速恢复、经济计划的贯彻执行以及单位管理效益的不断提升，都起到了十分重要的作用。

然而，在社会主义市场经济环境下，发挥市场在资源配置中的决定性作用取代了以国家计划为手段的直接行政干预，市场需求取代了统购统销，自负盈亏取代了“政府兜底”。单位特别是企业组织，会计工作的环境与要求已经发生了质的变化。企业作为一个真正的市场主体，其必须自主决策、独立经营、自担风险。因此，单位特别是企业组织内部的会计监督职能需要重新认识和定位。一是在“全面依法治国”“完善党和国家监督体系”的大背景下，作为独立市场主体的企业，基于合规目标、效益目标，究竟应该建立起什么样的能够与外部监督机制有效衔接的内部约束机制（即内部监督体系）？内部控制制度的建立与实施如何“颠覆”作为市场主体的企业组织内部监督的理念、如何帮助企业实现由“他律”到“自律”的监督观念的转变？企业主体内部的管理行为与监督行为的内涵和边界如何科学认识、界定？二是在能够适应外部市场经济环境与监管要求的企业内部监督体系框架下，无论是从理论层面还是实践层面，企业内部会计监督的性质、对象、方法等如何重新认知、界定并回归理性？传统的内部会计监督行为如何嵌入并内化为企业内部控制和企业整体内部监督体系的内容？这些问题都需要深刻反思并切实应对。

企业主体的市场化特征决定了企业内部监督体系在本质上是自律性的，而企业外部的各种监督则是他律性的、刚性的。而且，从现代企业运行的实践现状来看，企业内部针对经济活动的监督体系主要是基于内部控制制度的一整套监督机制。因此，我们认为，传统意义上的会计监督职能（会计工作的监督职能或者会计人员的监督职能），正逐步转化为企业组织以内部控制为基础和核心内容的一体化自律性监督体系的一部分内容。从而，会计工作回归到“会计信息提供”和“会计信息利用”的基本职能上来。

第六条　对认真执行本法，忠于职守，坚持原则，作出显著成绩的会计人员，给予精神的或者物质的奖励。

【条文解释】本条规定了会计人员奖励制度。

会计人员依法履行职责，确保《会计法》和国家统一的会计制度有效实施，保证会计资料真实、完整，在促进单位加强经济管理和财务管理，提高经济效益和维护社会主义市场经济秩序中发挥重要作用。对于依法履职、忠于职守、坚持原则的会计人员，全社会都应该予以肯定和支持，特别是对作出显著成绩的会计人员，要给予精神或物质奖励，以营造遵纪守法、爱岗敬业的社会氛围。

进一步解读

为了评选表彰在社会主义市场经济中作出突出业绩和重大贡献的先进会计工作者，树立当代会计工作者楷模，塑造会计行业良好形象，激励广大会计工作者崇尚诚信、依法理财、锐意创新、敬业奉献的精神，财政部于2007年4月发布了《全国先进会计工作者评选表彰办法》，对依法履职、作出显著成绩的会计人员进行表彰。该办法规定，全国会计先进工作者评选与表彰工作，由财政部负责组织实施，一般每三年评选一次。凡认真执行会计法律、法规，模范遵守职业道德，忠于职守、坚持原则、诚实守信、爱岗敬业、廉洁奉公，在会计工作中作出显著成绩，在社会上、行业内得到广泛认同，并具备规定条件的会计工作者，均可参加评选。2007年至2024年，全国会计先进工作者已经评选六届，每届约100人入选，累计已经评选出全国会计先进工作者600人。

第七条　国务院财政部门主管全国的会计工作。

县级以上地方各级人民政府财政部门管理本行政区域内的会计工作。

【条文解释】本条规定了我国会计工作的管理体制。

国家会计工作管理体制是指政府管理全国会计工作的组织形式和基本制度，包括管理机构的设置及其职责权限的划分，是国家会计法律、法规、规章、制度和方针政策得以贯彻实施的组织与制度保障。我国会计工作的归口管理部门是国务院财政部门，财政部既是全国会计工作的管理机构，同时也负责对全国范围的会计工作进行监督检查。按照“统一领导、分级管理”的原则，省（直辖市）、市（州）、县等县级及以上地方人民政府财政部门（如省、市、县的财政厅、局等）负责本行政区域内的会计工作管理与监督工作。

进一步解读

国务院财政部门是我国会计工作的行政管理机构，负责领导、组织、管理和监督全国的会计工作。2019 年国务院批准的《财政部职能配置、内设机构和人员编制规定》明确规定，财政部负责“起草财政、财务、会计管理的法律、行政法规草案，制定部门规章，并监督执行”，“负责管理全国会计工作，监督和规范会计行为，制定并组织实施国家统一的会计制度，指导和监督注册会计师和会计师事务所的业务，指导和管理社会审计”。在财政部内部分工方面，与会计管理和监督相关的工作主要由财政部会计司和监督评价局负责。财政部会计司负责拟订并组织实施国家统一的会计制度，指导会计人才队伍建设有关工作，按规定承担会计专业技术资格管理工作，指导和监督注册会计师、会计师事务所、代理记账机构业务工作。而监督评价局承担监督检查会计信息质量、注册会计师和资产评估行业执业质量有关工作。县级以上各级人民政府财政部门在国务院财政部门和上一级人民政府财政部门领导下，组织、管理和监督本地区的会计工作。

第八条 国家实行统一的会计制度。国家统一的会计制度由国务院财政部门根据本法制定并公布。

国务院有关部门可以依照本法和国家统一的会计制度制定对会计核算和会计监督有特殊要求的行业实施国家统一的会计制度的具体办法或者补充规定，报国务院财政部门审核批准。

国家加强会计信息化建设，鼓励依法采用现代信息技术开展会计工作，具体办法由国务院财政部门会同有关部门制定。

【条文解释】本条规定了我国实行统一的会计制度。

国家统一的会计制度是指国务院财政部门根据《会计法》制定的关于会计核算、会计监督、会计机构和会计人员以及会计工作管理的制度，如财政部制定并发布的《企业会计准则》《会计基础工作规范》《代理记账管理办法》等。国家统一的会计制度具有强制性，单位在进行会计核算、实行会计监督以及从事其他相关会计工作时，必须严格执行。国家有关部门（如国务院相关部委）针对会计核算和会计监督有特殊要求的行业制定具体的实施办法或补充规定，必须报国务院财政部门审核批准，同时，此类具体实施办法或补充规定的内容不得与国家统一的会计制度相抵触。实行国家统一的会计制度，目的在于规范会计核算和会计监督行为，确保会计资料真实、完整，提升会计信息的可比性，为政府宏观经济管理与决策奠定坚实基础。

会计信息化是指单位利用计算机、通信网络等现代信息技术手段和数字基础设施开展会计核算，以及利用上述技术手段和数字基础设施将会计核算与其他经营管理活动有机结合的过程。现代信息技术对会计工作的影响直接而且深刻，因此，国家必须重视和加强会计信息化建设，出台相关政策、制度，切实推进全国的会计信息化工作。对于单位而言，应当充分重视会计信息化工作，加强组织领导和人才培养，强化能力建设，保障资金投入，建立健全相关制度，完善管理机制，不断推进会计信息化在本单位的应用。

进一步解读

国家统一的会计制度包括由财政部依据《会计法》所制定的关于会计工作的一系列规章、准则、制度、规定和管理办法，其内容涉及会计核算、会计监督、会计人员管理和会计工作管理等方方面面，如《企业会计准则》（含基本准则、具体准则及其解释）、《政府会计准则》和《政府会计制度——行政事业单位会计科目和报表》（含基本准则、具体准则和准则制度解释）、《小企业会计准则》《工会会计制度》《民间非营利组织会计制度》《农村集体经济组织会计制度》《碳排放权相关会计处理暂行规定》《企业数据资源相关会计处理暂行规定》《企业破产清算有关会计处理规定》《知识产权相关会计信息披露规定》《企业产品成本核算制度》《事业单位成本核算基本指引》《企业内部控制基本规范》《行政事业单位内部控制规范（试行）》《管理会计基本指引》《会计基础工作规范》《会计档案管理办法》《代理记账管理办法》《会计信息化工作规范》《会计人员管理办法》《会计人员职业道德规范》《会计专业技术人员继续教育规定》等。

会计信息化是会计工作未来发展的必然趋势。加强和推动会计信息化，目的在于规范数字经济环境下的会计工作，提升会计信息质量，充分发挥会计数据的重要作用，促进经济社会高质量发展。在宏观层面，作为主管全国会计工作的国务院财政部，负责拟订会计信息化发展政策、制度与规划，制定会计信息化标准，规范会计软件的基本功能和相关服务，指导和监督单位开展会计信息化工作。在微观层面，单位负责人是会计信息化工作的第一责任人，要重视会计信息化工作并积极创造会计信息化的环境和条件，单位要指定专门机构或岗位（或依规定委托其他机构）负责并开展会计信息化工作。特别是，单位配备会计软件、会计软件服务商提供会计软件和相关服务，应当符合国家统一的会计软件功能和服务规范的规定。

第二章 会计核算

第九条 各单位必须根据实际发生的经济业务事项进行会计核算，填制会计凭证，登记会计账簿，编制财务会计报告。

任何单位不得以虚假的经济业务事项或者资料进行会计核算。

【条文解释】本条规定了会计核算的真实性要求。

真实性（即如实反映或称可靠性）是会计信息最基本的质量要求。会计信息的真实性是指会计信息能够如实反映单位经济活动的实际情况，而不偏离甚至歪曲单位的经济活动。在会计实务中，会计核算具体包括填制会计凭证、登记会计账簿和编制财务会计报告。真实性具体体现为：单位的经济活动及其相应的原始凭证必须合法合理、真实准确、手续齐备；记账凭证的填制必须以实际发生的经济活动及其原始凭证作为依据，会计确认与计量的过程与结果必须符合会计准则与制度的要求，会计分录记录无误；会计账簿登记的内容与相应的记账凭证一一对应，并定期结账、对账，以确保账证、账账、账实相符；财务会计报告编制要做到内容完整、数字真实、计算准确，不遗漏或者任意取舍相关数据。

以虚假（包括虚构、变造）的经济业务或资料（如虚假的发票等凭证）进行会计核算，会导致财务会计报告信息“失真”，其后果不仅会误导单位的经营管理决策、投资者和债权人的投资与信贷决策、政府的宏观经济决策，而且会损害会计信息使用者的利益和社会公共利益。因此，任何单位不得以虚假的经济业务或资料进行会计核算。

进一步解读

会计信息的真实性要求在对企业所发生的经济业务事项进行会计确认、计量、记录和报告时，应当客观、真实地揭示企业经济活动的本来面目。真实性的实质是要求企业以一种客观、公正、中立的立场来披露其财务会计信息，而不以某一或某些利益相关者的意志为转移。只有具有真实性（如实反映）质量特征的会计信息，才是可靠的会计信息，才不会误导信息使用者的决策。

在企业会计实务中，以企业实际发生的经济业务事项进行会计处理，按资产取得时的历史成本（实际成本）计量资产的价值及其变动，合理估计损失与负债，不得随意变更会计计量方法，不得漏记、重记、错记经济业务与事项，不得虚构经济业务，等等，都是会计信息真实性质量要求的体现。

真实性并不意味着会计信息必须绝对肯定或者绝对精确。由于企业等单位所处市场经济环境的不确定性，加之会计计量属性本身的缺陷以及会计计量方法选择的主观性等因素，会计中数量化的信息内容不可能是十分精确的。例如，对固定资产折旧价值进行计量（确定各个年度固定资产的折旧费用）时，只能估计固定资产的使用年限并采用带有主观性的计算方法，因而其结果无疑只是近似而非精确的。

依据不真实、不可靠的信息进行决策或判断，其后果可想而知。因此，会计信息必须如实反映经济业务，必须真实可靠。错误或者虚假的会计信息，必然会导致信息使用者的决策失误，这不仅会损害投资者、债权人等信息使用者的经济利益，而且会严重扰乱社会经济秩序、阻碍社会经济的发展。“安然事件”“世通丑闻”以及我国的康美药业、恒大地产等公司的会计造假事件，对社会经济发展所产生的巨大负面影响，即是明证。

第十条　各单位应当对下列经济业务事项办理会计手续，进行会计核算：

（一）资产的增减和使用；

（二）负债的增减；

（三）净资产（所有者权益）的增减；

（四）收入、支出、费用、成本的增减；

（五）财务成果的计算和处理；

（六）需要办理会计手续、进行会计核算的其他事项。

【条文解释】本条规定了会计核算对象的具体范围。

会计核算的对象是单位的经济活动，或者是能够以货币来计量的经济活动。本条所阐述的作为会计核算对象的经济业务事项内容，实际上就是会计要素的内容。单位对经济业务事项进行会计核算，就是对资产、负债等会计要素进行确认、计量、记录和报告。单位特别是企业，其经济活动的内容十分复杂，但从会计视角可以对其进行科学分类，这种分类的结果即为会计要素，如企业的资产、负债、所有者权益、收入、费用和利润等要素，行政事业单位的预算收入、预算支出与预算结余等预算会计要素和资产、负债、净资产、收入和费用等政府财务会计要素。会计要素实质上体现的就是单位经济活动的内容，对会计要素进行确认、计量、记录和报告，也就是对单位的经济活动进行会计核算。同时，会计要素的设立还必须考虑会计信息使用者的信息需求，如因为投资者需要“明晰产权关系”而设立了所有者权益要素，美国财务会计准则中还设立了更详细的“业主投入”和“对业主分派”等会计要素。从财务会计报告内容来看，会计要素是构成资产负债表、利润表或收入费用表等财务会计报告的基本内容（或组成部分）。

本次《会计法》修订，删除了原《会计法》中“公司、企业会计核算的特别规定”，将企业与政府会计主体的会计核算共性要求融为一体。因此，本条将企业与政府会计主体的会计要素合并表述。

进一步解读

会计要素是根据单位经济活动的内容及其变化的基本规律，并结合财务会计报告目标对单位经济活动从会计角度所作的一种基本分类。单位的性质不同，经济活动的内容不同，会计要素的确立结果也不相同。比如，企业是以营利为目的的经济组织，投入产出效率是特别需要关注的问题，因而其会计要素中就特别强调反映企业经营者业绩的财务成果即利润要素，以及与利润要素直接相关的收入和费用要素。行政事业单位和其他非营利组织，承担的是行政管理职能或社会公益性事业，不以营利为目的，因此不需要考核管理者的财务成果或业绩，而主要考核与单位运行情况相关的资金收支等情况，故设立了相应的收入要素和费用要素，不设立单独的利润要素。

但是，无论是企业还是行政事业单位等非营利组织，其正常运转必须以一定数量的资金资源为前提，这些资金资源是单位进行生产经营活动或行政管理、从事社会公益事业的基本条件。并且，这些资金资源必然会以特定的具体形式存在于单位，这种资金资源存在的具体形态就是资产要素，如单位的货币资金（库存现金和银行存款等）、应收及预付款项、短期投资（交易性金融资产）、存货、固定资产、在建工程、无形资产、长期投资（长期股权投资）等。与资产同时存在的另一个问题是单位这些资金资源的来源渠道，资金资源的来源渠道往往与财产的所有权（财产权利归属）有关。对于企业而言，企业是投资者通过投入资本来设立的，在企业经营活动资金不足时往往还可以通过举债来获得，因此，企业资金资源的来源渠道由负债和投资者投入构成。在市场经济环境中，产权是所有市场参与者都十分关心的问题，尤其是企业的投资者（股东），因此，市场经济的基本特征决定了企业全部资产的产权归属必须明晰并加以披露。这样，在企业组织中，依据资金资源形成渠道的不同将企业资产的产权关系区分为投资者产权和债权人产权，也即所有者权益和债权人权益，而企业角度的债权人权益实际上就是负债。这两种权益最大的区别是，负债是一种法定义务，单位必须按约定时间偿还，其权益的实现要优先于所有者（股东）。所有者权益是一种剩余权益，在数量上等于企业的全部资产扣除负债后的净额或剩余额。对于行政事业单位等非营利组织而言，其基本的资金资源都来自政府预算拨款，因而其单位性质与功能决定了只需要关注和披露单位全部资产扣除负债后的净资产。

会计要素概念来自英文文献中的“财务报表要素（the elements of financial statements）”，意指财务会计报告内容的组成部分。不同国家或地区的会计准则制定机构所确立的会计要素存在一定差异，例如，美国财务会计准则委员会所确立的会计要素（财务报表要素）包括资产、负债、权益（所有者权益）、业主投入、对业主分派、全面收益、收入、费用、利得和损失，而国际会计准则理事会所确立的会计要素只包括资产、负债、权益、收益和费用。从理论上讲，作为对经济活动和会计信息内容的分类结果，会计要素具有可变性，而且每一会计要素的内容和本质特征也会随着科学技术的进步、经济方式的创新和会计研究工作者认知的深化而有所变化，如数据资源逐步入表就是例证。

第十一条　会计年度自公历1月1日起至12月31日止。

【条文解释】本条规定了会计核算中的会计年度。

我国各单位会计核算以公历时间的1月1日至12月31日为一个会计年度，即采用历年制会计年度。这一时间段的所有经济业务事项，都必须纳入会计核算对象范围，所有的财务状况、经营业绩和现金流等信息必须按规定予以披露，不得遗漏。单位也不得以任何理由提前或推迟结账和编制财务会计报告。本法规定的会计年度与我国的财政年度、计划年度保持一致。

进一步解读

会计年度是会计期间的一种形式。在我国，会计期间包括月度、季度、半年度和年度。单位应该按规定定期进行会计核算和编报财务会计报告。上市公司必须披露季报、半年报和年报。

单位按照会计分期的要求进行会计核算和编报财务会计报告，是为了及时将单位的经济活动情况提供给单位内部的经营管理者和外部的利益相关者，以便他们进行相关决策。单位内部的经营管理者依据会计资料，可以及时了解单位财务状况、经营业绩和现金流等方面的真实情况，发现经营管理工作存在的不足或问题，寻求有效的解决办法；而外部的投资者、债权人等利益相关者依据会计资料，可以判断单位的盈利能力、偿债能力、运营能力和发展能力，作出相应的投资与信贷决策。

会计假设中的持续经营与会计分期，是会计核算的重要基础理论。单位的经营活动本来是一个持续不断的过程，但为了考核和评价经济活动的状况与结果，必须人为地将其分成一个一个的时间区间，也就产生了会计期间问题。持续经营与会计分期假设，是会计核算中权责发生制与收付实现制、流动与非流动资产和负债项目划分、固定资产折旧与无形资产摊销、费用的跨期分摊等会计确认与计量方法存在的理论依据。正是在会计分期假设前提下，才产生了本期与非本期、报告期、跨期等概念。

除历年制会计年度外，其他国家有的也采用四月制（从四月至次年三月）、七月制（从七月至次年六月）、十月制（从十月至次年九月）等不同会计年度。不少国家规定，企业可以依据自身情况选择不同起止日期的会计年度。一般而言，企业选择会计年度主要会考虑企业生产经营周期、所处行业的竞争程度和企业内部管理的需要等因素。统一会计年度起止日期和自由选择会计年度各有利弊，如统一会计年度时间可以提高宏观层面会计数据与统计数据、计划数据等之间的适配性，但注册会计师会面临审计业务“扎堆”的窘境。在大数据、现代信息技术、人工智能等现代科技迅猛发展的今天，允许选择更有利于企业自身发展的会计年度，应该是值得进一步探索的问题。

第十二条　会计核算以人民币为记账本位币。

业务收支以人民币以外的货币为主的单位，可以选定其中一种货币作为记账本位币，但是编报的财务会计报告应当折算为人民币。

【条文解释】本条规定了会计核算中的记账本位币。

记账本位币是指单位日常会计核算中填制会计凭证、登记会计账簿和编制财务会计报告时计量和记录所使用的货币种类。在我国，各单位对其发生的经济业务进行会计核算时，应当以人民币（元）作为货币单位进行计量和记录。

对于业务收支以人民币以外的货币为主的单位，考虑到单位经济活动的特征和会计工作效率，可以选用其中的一种货币作为计量和记录的货币，但编制的财务会计报告应当折算为人民币。本条规定既维护了人民币作为法定货币的法律地位，保证了会计计量货币单位的统一性，也切实考虑了单位经济活动的特征与实际情况，简化了会计工作流程，提升了会计工作效率。

进一步解读

在商品交换与市场经济环境中，采用货币计量方式是会计核算的基本特征。从理论上看，以货币为计量单位包含两层意思，一是选择哪种货币进行计量和记录，如是人民币还是美元；二是货币本身的价值是否发生变动，也就是货币购买力（单位货币换取商品或劳务的实际能力）问题。本法规定了在我国各单位必须采用人民币作为记账本位币，只有业务收支以人民币以外的货币为主的单位才能选择其中一种货币作为记账本位币。本法没有对是否选择面值货币（不考虑货币购买力变化）

还是不变货币（考虑货币购买力变化）作出规定，按照会计的一般原理，只有当存在剧烈通胀时才考虑选择不变货币进行特殊的物价变动会计处理。

会计核算以人民币作为记账本位币是法定要求，各单位在一般情况下应当以人民币作为记账本位币，以人民币以外的其他货币作为记账本位币只是一种例外。只有业务收支以人民币以外的货币为主的单位，才能选择一种人民币以外的货币作为记账本位币。选择人民币以外的其他货币作为记账本位币的单位，其业务收支使用的货币币种发生变化，记账本位币也可以发生变化。

单位设在境外的机构（如子公司、分公司），向国内有关部门报送的财务会计报告应当折算为人民币反映。

第十三条　会计凭证、会计账簿、财务会计报告和其他会计资料，必须符合国家统一的会计制度的规定。

使用电子计算机进行会计核算的，其软件及其生成的会计凭证、会计账簿、财务会计报告和其他会计资料，也必须符合国家统一的会计制度的规定。

任何单位和个人不得伪造、变造会计凭证、会计账簿及其他会计资料，不得提供虚假的财务会计报告。

【条文解释】本条规定了会计资料（含电子会计资料）的要求。

会计资料是在会计核算过程中形成的、记录单位所发生的经济业务实际情况的各种资料，包括会计凭证、会计账簿和财务会计报告以及其他会计资料。这些会计资料是会计信息的载体，是会计核算过程中形成的表明单位经济活动情况有关信息的书面文件，是会计核算的依据和结果。会计资料（含电子会计资料）必须真实、准确、完整、安全，任何单位和个人不得伪造、变造会计凭证、账簿和其他会计资料，提供虚假财务会计报告。

进一步解读

会计资料（包括会计凭证、会计账簿和财务会计报告以及其他会计资料）既是对单位经济活动实际情况的记录文件，也是会计人员完成会计核算工作情况的记载文件。会计资料是具有法律效力的证明材料。会计资料从形成（产生）到记录、审核、汇总、披露、归档保管，国家统一的会计制度都作出了有针对性的明确规定。因此，会计资料必须符合《会计法》和国家统一的会计制度规定。

随着社会经济的发展，现代信息技术已经开始广泛运用于单位的会计核算。会计信息化所带来的电子会计数据、电子会计资料的真实性、安全性，已成为会计核算和会计资料管理的重点问题，也是会计工作面临的难题之一。我国《会计信息化工作规范》要求，使用电子计算机进行会计核算的单位，应当按照国家有关电子会计档案管理的规定，建立和完善电子会计资料的形成、收集、整理、归档和电子会计档案保管、统计、利用、鉴定、处置等管理制度，采取可靠的安全防护技术和措施，保证电子会计档案在传递及存储过程中的真实性、完整性、可用性和安全性，加强电子会计资料归档和电子会计档案管理工作。符合电子凭证会计数据标准的入账信息结构化数据文件，应当与电子会计凭证同步归档。

第十四条　会计凭证包括原始凭证和记账凭证。

办理本法第十条所列的经济业务事项，必须填制或者取得原始凭证并及时送交会计机构。

会计机构、会计人员必须按照国家统一的会计制度的规定对原始凭证进行审核，对不真实、不合法的原始凭证有权不予接受，并向单位负责人报告；对记载不准确、不完整的原始凭证予以退回，并要求按照国家统一的会计制度的规定更正、补充。

原始凭证记载的各项内容均不得涂改；原始凭证有错误的，应当由出具单位重开或者更正，更正处应当加盖出具单位印章。原始凭证金额有错误的，应当由出具单位重开，不得在原始凭证上更正。

记账凭证应当根据经过审核的原始凭证及有关资料编制。

【条文解释】本条规定了会计凭证处理要求。

原始凭证是在经济业务发生时取得或填制的、用来证明经济业务内容的书面文件。原始凭证是单位会计核算的原始资料和重要依据。原始凭证是一种证据，其主要作用是证明单位所发生经济业务的具体内容。单位在经济业务发生后所取得或填制的原始凭证，必须及时提交给会计机构，由会计人员按规定程序进行审核并入账，以确保财务会计报告信息的及时性。

只有符合国家统一的会计制度要求的原始凭证，才能作为编制记账凭证的依据。无论是从外部取得还是单位内部填制的原始凭证，其记载的经济业务本身必须合法合理，数量金额准确无误，内容完整且手续齐全。原始凭证出现差错，须按国家统一的会计制度规定要求重开或更正或补充或退回或不予接受。

在对原始凭证进行归类、整理、审核的基础上，记账凭证根据经过审核的原始凭证和其他相关资料进行编制。

进一步解读

原始凭证与记账凭证的主要区别是其用途和填制程序不同。原始凭证的用途是证明单位经济业务的具体内容，是经济活动的原始证据，而记账凭证的用途是登记会计账簿；原始凭证记载单位所发生经济业务的实际情况，由业务经办人员根据经济业务的具体内容据实填制或从单位外部依法取得。编制记账凭证，实质上是对经济业务依照会计准则与制度进行确认、计量，并将确认与计量结果以会计分录形式初步记录在记账凭证中。记账凭证的内容随后要逐一登记到有关会计账簿（账户）

中去，因而记账凭证是会计账簿登记的依据。记账凭证中会计分录的内容，既是会计人员对经济活动进行分析、对经济业务进行确认与记录的结果，同时也是借贷记账法初步运用的结果。借贷记账法的“有借必有贷、借贷必相等”记账规则，在会计实务中具体体现在总分类账簿（账户）的登记过程中。

此外，记账凭证可以区分为收款凭证、付款凭证和转账凭证等类型，主要适用于以手工记账为主的小型单位，采用电子计算机进行会计核算的单位，只需采用通用格式的记账凭证。

第十五条　会计账簿登记，必须以经过审核的会计凭证为依据，并符合有关法律、行政法规和国家统一的会计制度的规定。会计账簿包括总账、明细账、日记账和其他辅助性账簿。

会计账簿应当按照连续编号的页码顺序登记。会计账簿记录发生错误或者隔页、缺号、跳行的，应当按照国家统一的会计制度规定的方法更正，并由会计人员和会计机构负责人（会计主管人员）在更正处盖章。

使用电子计算机进行会计核算的，其会计账簿的登记、更正，应当符合国家统一的会计制度的规定。

【条文解释】本条规定了会计账簿的登记。

会计账簿必须根据经过审核的会计凭证进行登记，会计账簿登记的内容应该与会计凭证保持一致。会计账簿登记要做到摘要清楚、数字准确、字迹清晰、登记及时。特别是，总分类账、明细分类账、日记账之间固有的数字勾稽关系要清晰明了，相互印证、相互制约。会计账簿记录发生错误，要按照规定的划线更正法、红字更正法或补充登记法等更正，不得随意涂改，并同时明确相关人员责任。

使用电子计算机进行会计核算的，其使用的会计核算软件和会计数据获取、验证、处理、归档功能以及电子会计凭证的全流程处理等，必须符合《会计信息化工作规范》等国家统一的会计制度规定。

进一步解读

我国《会计基础工作规范》对会计账簿的种类、格式、启用、登记依据、登记方法、登记要求、错账更正、结账、对账等作出了具体而详细的规定。从过程看，会计账簿在会计核算工作中起着承前启后的作用，它是财务会计报告编制的直接依据；从功能看，会计账簿真正体现了会计核算提供分类、系统、持续的经济活动信息的这一根本性特征；从作用看，会计账簿记录的信息最能够满足单位内部经营管理的内在要求。因此，会计账簿的设立与登记必须符合《会计法》和国家统一的会计制度的要求。《会计法》中多处内容都对会计账簿问题进行了规范，也足见其重要性。

第十六条　各单位发生的各项经济业务事项应当在依法设置的会计账簿上统一登记、核算，不得违反本法和国家统一的会计制度的规定私设会计账簿登记、核算。

【条文解释】本条规定了不得私设会计账簿。

会计账簿是重要的会计资料，是编制财务会计报告的直接依据，因此，会计账簿必须按照国家统一的会计制度的要求设立。私设会计账簿是指为了逃避缴纳税款、资金体外循环等目的，而在规定的会计账簿之外另设会计账簿进行登记和核算的行为。本法明确规定，单位不得违反《会计法》和国家统一的会计制度规定私设会计账簿。

进一步解读

私设会计账簿（又称“账外设账”），主要表现为在法定设立的会计账簿之外另设一套或多套会计账簿，用来登记没有纳入法定会计账簿内统一进行会计核算的经济业务，以达到逃避缴纳税款、非法转移资金、骗取信贷资金、以权谋私、侵吞国有资产、捞取政治资本等目的。在实际工作中发生的大量案例和案件证明，私设会计账簿几乎成为滋生各种贪腐和不正之风的温床，是产生虚假会计信息的根源。这是一种极为严重、危害极大的会计违法行为。这种行为不仅破坏了正常的会计工作秩序，干扰了正常的经济活动，也对国家财产和当事人的合法权益造成了极大的危害。为了保证会计资料真实、完整，维护会计工作秩序，保证国家利益和当事人的合法权益，必须严厉禁止私设会计账簿的行为，从法律上确立禁止私设会计账簿的规则。

第十七条　各单位应当定期将会计账簿记录与实物、款项及有关资料相互核对，保证会计账簿记录与实物及款项的实有数额相符、会计账簿记录与会计凭证的有关内容相符、会计账簿之间相对应的记录相符、会计账簿记录与会计报表的有关内容相符。

【条文解释】本条规定了会计账簿核对工作。

单位应该按照国家统一的会计制度的规定定期做好会计账簿记录的核对工作，包括账实核对、账证核对、账账核对和账表核对，做到账实相符以及账证相符、账账相符、账表相符，以确保会计账簿记录的真实性、准确性。

进一步解读

会计账簿资料是编制单位财务会计报告的直接依据，因此，必须确保会计账簿记录准确无误。定期核对账目，是保证会计账簿记录真实、准确的重要方法。账实相符是指单位会计账簿的账面余额与财产物资的实有数量相一致，如现金日记账账面余额与库存现金实际库存数核对相符，银行存款日记账账面余额与银行对账单余额核对相符，存货（如原材料、商品）、固定资产等明细分类账账面余额与其实存数额核对相符，各种债权债务明细分类账账面余额与其债务人、债权人核对相符；

账证相符是指会计账簿记录与会计凭证（含原始凭证和记账凭证）的内容核对相符，如会计账簿记录与原始凭证、记账凭证记载的经济业务内容、金额、时间、凭证字号、记账方向等核对相符；账账相符包括总分类账自身的试算平衡检查，总分类账与相应的明细分类账核对相符，总分类账与现金日记账、银行存款日记账核对相符等；账表相符是指单位编制的财务会计报告（如企业的资产负债表、利润表、现金流量表、所有者权益变动表和行政事业单位的资产负债表、收入费用表、现金流量表等）数据与会计账簿中相关的余额和发生额核对相符。会计账簿记录的核对工作至少每年进行一次。

账实相符是会计账簿记录的核心要求。账实是否相符是通过财产清查方式来确定的。账实核对是单位财产清查的核心内容之一，是单位财产管控的重要手段。单位在定期的财产清查中发现存在账实不符情况时，会计人员应当对财产物资的盘盈或盘亏进行确认、计量和记录，并调整会计账簿的账面记录以使账实相符。同时，会计人员还应当根据单位管理部门对财产盘盈盘亏成因的认定及其处理结果，进行相应的会计处理。在会计理论与方法研究中，财产清查一直被作为会计核算的基本方法之一，其实，从单位整体经营管理活动层面来认识财产清查工作的目的、内容和特征，会对单位管理行为和会计核算方法产生新的认知。

第十八条　各单位采用的会计处理方法，前后各期应当一致，不得随意变更；确有必要变更的，应当按照国家统一的会计制度的规定变更，并将变更的原因、情况及影响在财务会计报告中说明。

【条文解释】本条规定了会计处理方法的一致性要求。

对于相同的经济业务或财产物资，采用不同的会计方法进行处理时，其结果存在差异。因此，各单位采用的会计处理方法（如收入确认标准、折旧计算方法等），在前后会计期间必须保持一致，不得随意改变，其目的是提高会计信息的可比性。确有必要变更的，需要符合两个条件之一：一是国家统一的会计制度规定变更的；二是变更后提供的会计信息的相关性与真实性显著提升。而且，单位还必须在财务会计报告中说明会计处理方法变更的原因、变更的具体情况以及变更对财务会计报告披露信息的影响。

进一步解读

会计处理方法是指会计核算中采用的影响财务会计报告信息披露结果的具体方法，主要是与会计政策、会计估计相关的会计确认和计量方法。比如收入的确认原则与方法、存货计价方法、固定资产折旧方法（包括预计使用年限的估计）、无形资产摊销方法、信用减值损失的确认与计量方法（包括坏账比例的估计）、存货和固定资产等资产减值的确认与计量方法（包括资产减值测试方法），以及金融资产的分类与重分类方法、所得税会计处理方法、外币折算处理方法、合并会计报表的编制原则与方法，等等。

由于社会经济环境和单位的经济活动具有不确定性，因此会计准则等国家统一的会计制度允许单位根据自身实际情况选择不同的会计处理方法，但必须符合相关法规制度的要求。会计处理方法在同一单位的前后不同会计期间保持一致，是会计信息可比性质量特征的主要内容之一（可比性质量特征还要求不同单位之间对同一会计问题的处理应当采用相同的方法）。可比性是会计信息质量特征的重要内容。缺乏可比性的会计信息，无疑会影响单位内部和外部会计信息使用者的相关决策。

第十九条　单位提供的担保、未决诉讼等或有事项，应当按照国家统一的会计制度的规定，在财务会计报告中予以说明。

【条文解释】本条规定了或有事项的披露。

或有事项是指过去的交易或者事项形成的，其结果须由某些未来事项的发生或不发生才能决定的不确定事项，如单位提供的债务担保、未决诉讼等。单位提供的债务担保可能会需要承担和履行连带责任，未决诉讼会随着判决结果出来而需要承担赔偿责任，这些或有事项已经形成，或可能形成单位的负债，因此，应当依照规定的会计处理方法进行确认、计量和披露。

进一步解读

依照现行会计准则等国家统一的会计制度规定，或有事项需要根据其“可能性大小”来进行相应的会计处理。主要涉及预计负债、或有负债和或有资产等事项。预计负债需要确认、计量和披露，或有负债只需要披露，或有资产一般不加以披露。

与或有事项相关的义务符合负债要素确认标准的，应当确认为预计负债。预计负债应当按照履行相关现时义务所需支出的最佳估计数进行初始计量。与或有事项相关的预计负债需要进行确认和计量，并在财务会计报告中披露。

与预计负债不同的是，与或有事项相关的或有负债不应当予以确认，但需要在财务会计报告中披露。或有负债是指过去的交易或者事项形成的潜在义务，其存在须通过未来不确定事项的发生或不发生予以证实；或过去的交易或者事项形成的现时义务，履行该义务不是很可能导致经济利益流出企业或该义务的金额不能可靠计量。简言之，这种或有负债成为“真正债务”的可能性较小。或有负债披露的内容包括或有负债的种类及其形成原因；经济利益流出时间与金额不确定性的说明；或有负债预计产生的财务影响以及获得补偿的可能性等。

或有事项也可能导致或有资产，但企业不应当确认或有资产，也通常不应当披露。只有当或有资产很可能会给企业带来经济利益时，才应当披露其形成的原因、预计产生的财务影响等。

企业常见的或有事项主要包括未决诉讼或仲裁、债务担保、产品质量保证（含产品安全保证）、承诺、亏损合同、重组义务、环境污染整治等，这些或有事项依据企业会计准则的或有事项具体准则进行处理。

而职工薪酬、建造合同、所得税、企业合并、租赁、原保险合同和再保险合同等形成的或有事项，适用其他相关会计准则。政府会计主体常见的或有事项主要包括未决诉讼或未决仲裁、对外国政府或国际经济组织的贷款担保、承诺（补贴、代偿）、自然灾害或公共事件的救助等，这些或有事项依照政府会计准则的负债具体准则进行处理。

充分考虑提供担保、未决诉讼等或有事项可能形成的支付义务，并披露其相关信息，以利于会计信息使用者的决策，其实是稳健性会计原则在会计实务运用中的一种具体体现。

第二十条　财务会计报告应当根据经过审核的会计账簿记录和有关资料编制，并符合本法和国家统一的会计制度关于财务会计报告的编制要求、提供对象和提供期限的规定；其他法律、行政法规另有规定的，从其规定。

向不同的会计资料使用者提供的财务会计报告，其编制依据应当一致。有关法律、行政法规规定财务会计报告须经注册会计师审计的，注册会计师及其所在的会计师事务所出具的审计报告应当随同财务会计报告一并提供。

【条文解释】本条规定了财务会计报告的编制要求。

财务会计报告是全面反映单位经济活动情况的总结性报告文件，是满足会计信息使用者需求、实现会计目标的具体方式。财务会计报告编制应当做到数字真实、计算准确、内容完整、说明清楚。因此，财务会计报告应当依据经过审核的会计账簿记录及相关资料编制，并按规定的期限提供给相关部门或个人。上市企业应当在规定期限内公开披露其财务会计报告。

向不同的会计资料使用者提供的财务会计报告，其编制依据应当一致。也就是说，每个单位只能按照国家统一的会计制度规定，设置一套会计账簿，编制一套财务会计报告。按规定财务会计报告须经注册会计师审计的，注册会计师及其会计师事务所出具的审计报告连同财务会计报告一并提供或公开，如《公司法》明确规定，公司制企业的年度财务会计报告应当经会计师事务所审计。

进一步解读

财务会计报告应当如实反映单位经济活动的实际情况，以符合会计信息质量特征的要求和国家统一的会计制度的规定。财务会计报告在内容上包括财务会计报表、财务会计报表附注及其说明资料。财务会计报告应当依照相关法律法规与制度规定的提交对象、期限等要求，进行报送或公开。我国《公司法》规定，有限责任公司的财务会计报告应当提交给股东，股份有限公司的财务会计报告应当在股东会年会召开的二十日前供股东查阅，上市公司应当公开其财务会计报告。我国《证券法》规定，上市公司应当在每一会计年度结束后的四个月内报送并公开年度报告，且须经会计师事务所审计，在上半年结束后的二个月内报送并公告中期报告。在实际工作中，按照证券交易所的规定，上市公司还需要在季度结束后的一个月内公开季度报告。

由法律授权注册会计师及其会计师事务所以第三方的身份对财务会计报告进行审计，对单位财务会计报告的编制是否遵循了相关会计准则的规定，是否真实、公允地反映了单位经济活动的实际情况进行鉴证，其目的在于对单位的会计行为进行监督，确保财务会计报告信息质量。在市场经济环境中，会计信息披露尤其是上市公司的财务会计报告信息披露，不仅影响市场参与者的经济利益，还会影响整个社会经济资源的配置效率。会计信息质量直接影响资本市场的正常运转，因此，注册会计师审计作为一种制度安排具有重要的宏观意义。

除上市公司外，发生重大投资与贷款、破产清算、并购重组、资质认定以及特殊企业或行业年检等情形，一般也需要由会计师事务所对财务会计报告进行审计。

第二十一条　财务会计报告应当由单位负责人和主管会计工作的负责人、会计机构负责人（会计主管人员）签名并盖章；设置总会计师的单位，还须由总计师签名并盖章。

单位负责人应当保证财务会计报告真实、完整。

【条文解释】本条规定了财务会计报告的责任人。

单位编制和报送的财务会计报告，须由单位负责人（如法人单位的法人代表）、主管会计工作的负责人（如总会计师）和会计机构负责人（如财务部长、财务科长、会计主管）签名并盖章。这意味着单位负责人、主管会计工作的负责人和会计机构负责人必须对财务会计报告的编制承担法律责任。

会计工作是单位管理工作的内容之一，而且会计工作与单位其他经营管理工作应当协调统一、相互促进。单位负责人是单位经济活动的组织者、管理者，理应对整个单位的经济活动承担首要责任，而财务会计报告反映的是整个单位的经济活动情况，因此，单位负责人应当保证财务会计报告真实、完整。

进一步解读

明确单位负责人是保证财务会计报告真实、完整的第一责任人，同时明确单位主管会计工作的负责人、会计机构负责人对财务会计报告的编制承担法律责任，有利于单位从制度设计上更加重视财务会计报告的编制工作，从根源上控制财务会计报告造假风险，从而确保财务会计报告真实、完整。

总会计师是单位分管会计工作的最高官员，相当于分管财务与会计工作的副总经理，有的单位也称其为财务总监。按现行法规规定，国有的和国有资本占控股地位或者主导地位的大、中型企业必须设置总会计师。作为单位分管财务与会计工作的负责人，总会计师需要对单位财务会计报告编制承担法律责任。

第二十二条　会计记录的文字应当使用中文。在民族自治地方，会计记录可以同时使用当地通用的一种民族文字。在中华人民共和国境内的外商投资企业、外国企业和其他外国组织的会计记录可以同时使用一种外国文字。

【条文解释】本条规定了会计记录使用的文字。

各单位在会计核算中应当使用中文填制会计凭证、登记会计账簿和编制财务会计报告。中文一般特指汉语和汉字。《国家通用语言文字法》规定，普通话和规范汉字是我国通用语言文字，而各民族都有使用和发展自己的语言文字的自由。因此，在民族自治区域，会计记录可以同时使用当地通用的一种民族文字。

在我国境内的外商投资企业、外国企业和其他外国组织，其会计记录也可以同时使用一种外国文字。

进一步解读

值得注意的是，在《会计法》的地域适用效力范围内，各单位进行会计记录必须使用中文，这是一种强制性要求。在民族自治区域的单位和我国境内的外商投资企业、外国企业和其他外国组织，会计记录可以使用两种文字，但其中一种文字必须为中文。当然，在民族自治区域的单位和我国境内的外商投资企业、外国企业和其他外国组织，也可以只使用中文进行会计记录。

第二十三条　各单位对会计凭证、会计账簿、财务会计报告和其他会计资料应当建立档案，妥善保管。会计档案的保管期限、销毁、安全保护等具体管理办法，由国务院财政部门会同有关部门制定。

【条文解释】本条规定了会计档案管理原则。

会计档案是指单位在进行会计核算等过程中接收或形成的，记录和反映单位经济业务事项的，具有保存价值的文字、图表等各种形式的会计资料，包括通过计算机等电子设备形成、传输和存储的电子会计档案。从内容来看，会计档案主要包括会计凭证、会计账簿、财务会计报告和其他会计资料；从物质形式来看，会计档案既包括纸质会计资料，也包括电子会计资料。

各单位应当加强会计档案管理工作，按国家统一的会计制度规定建立和完善会计档案的收集、整理、保管、利用和鉴定销毁等管理制度，采取可靠的安全防护技术和措施，保证会计档案的真实、完整、可用、安全。

进一步解读

1984 年，财政部、国家档案局联合发布了《会计档案管理办法》，并于 1998 年进行了第一次修订。2015 年 12 月，财政部会同国家档案局发布了再次修订后的《会计档案管理办法》，自 2016 年 1 月 1 日起施行。该办法对会计档案的内容、收集、整理、保管、利用、移交、鉴定销毁等作出了详细规定。

依据财政部和国家档案局发布的《会计档案管理办法》，会计档案资料包括的内容有：(1) 会计凭证（含原始凭证和记账凭证）；(2) 会计账簿（含总分类账、明细分类账、日记账、固定资产卡片及其他辅助性账簿）；(3) 财务会计报告（含月度、季度、半年度、年度财务会计报告）；(4) 其他会计资料（如银行存款余额调节表、银行对账单、纳税申报表、会计档案移交清册、会计档案保管清册、会计档案销毁清册、会计档案鉴定意见书及其他具有保存价值的会计资料）。单位的预算、计划、制度等文件材料，不属于会计档案。

满足规定条件的电子会计资料（包括单位内部形成和从外部接收两种渠道），可仅以电子形式归档，形成电子会计档案。单位可以利用计算机、网络通信等信息技术手段管理会计档案，以提高会计档案管理效率。

第二十四条　各单位进行会计核算不得有下列行为：

（一）随意改变资产、负债、净资产（所有者权益）的确认标准或者计量方法，虚列、多列、不列或者少列资产、负债、净资产（所有者权益）；

（二）虚列或者隐瞒收入，推迟或者提前确认收入；

（三）随意改变费用、成本的确认标准或者计量方法，虚列、多列、不列或者少列费用、成本；

（四）随意调整利润的计算、分配方法，编造虚假利润或者隐瞒利润；

（五）违反国家统一的会计制度规定的其他行为。

【条文解释】本条规定了会计核算中的禁止行为。

单位在进行会计核算时，应当依照会计准则的规定，对资产、负债、净资产（所有者权益）、收入、费用（成本）、利润等会计要素进行确认和计量，不得随意改变会计要素的确认标准和计量方法，不得虚列、多列、少列或不列资产、负债和净资产（所有者权益）；不得为了操控利润而改变收入、费用（成本）的确认标准或计量方法，虚列、多列、少列或不列收入和费用（成本），也不得提前或推迟确认收入和费用（成本）；不得为了操控利润和达到其他目的而随意调整利润的计算、分配方法，甚至编造虚假利润或者隐瞒利润。本条规定是为了防止单位操纵利润和财务会计报告数据的行为。

进一步解读

单位会计核算的核心内容是会计要素的确认、计量。会计确认是针对单位所发生的各项经济活动进行识别、判断，确定其是否应当进入会计系统（即应否作为会计上的经济业务事项进行处理），并确定其属于什么会计要素的内容以及在哪些特定会计账户中进行记录、是否在财务报表中予以披露。比如，公司发生一笔一万元的设备修理支出，这笔支出究竟是作为设备的成本增加（确认为固定资产原始价值的构成部分），还是公司当期的管理费用（计入当期损益）增加，需要依据资产要素或费用要素的确认标准予以确认。如果将其确认为设备的成本增加，则公司的资产负债表中固定资产项目金额会增加一万元；如果将其确认为当期的管理费用，则公司的利润表中管理费用项目金额会增加一万元，相应地，公司当期的利润总额会减少一万元。显然，两种不同的确认标准和结果，会导致财务会计报告中披露的资产、利润总额等金额信息产生差异。

会计计量是从会计的角度，运用会计上特定的计量标准（即计量属性），对经济活动中财产物资的价值变化进行计算和衡量。简言之，会计计量是对经济业务与事项的价值数量关系进行计算和衡量的过程，其实质是以数量（主要是以货币表示的价值量）关系揭示经济业务事项之间的内在联系。比如，采用历史成本标准和先进先出法计量期末存货的成本，采用加速折旧法计算固定资产折旧费用等。

会计要素确认标准和会计计量方法的选择，直接影响财务会计报告的结果。因此，世界各国的会计准则包括国际财务报告准则，其规范的核心内容就是会计确认标准和会计计量方法。单位在会计核算中，违反会计准则的规定，随意改变会计要素的确认标准或会计计量方法，其后果会造成会计资料（信息）失真或虚假。

第三章　会计监督

第二十五条　各单位应当建立、健全本单位内部会计监督制度并将其纳入本单位内部控制制度。单位内部会计监督制度应当符合下列要求：

（一）记账人员与经济业务事项和会计事项的审批人员、经办人员、财物保管人员的职责权限应当明确，并相互分离、相互制约；

（二）重大对外投资、资产处置、资金调度和其他重要经济业务事项的决策和执行的相互监督、相互制约程序应当明确；

（三）财产清查的范围、期限和组织程序应当明确；

（四）对会计资料定期进行内部审计的办法和程序应当明确；

（五）国务院财政部门规定的其他要求。

【条文解释】本条规定了单位内部的会计监督制度。

单位应该围绕保证会计资料真实、完整的目的，建立、健全内部会计监督制度，并将内部会计监督制度作为单位内部控制制度的重要内容。单位建立内部会计监督制度的主要要求包括：（1）明确会计内部牵制制度。单位经济业务事项的审批、经办、财物保管与记账人员各自的职责权限应当清晰，并相互分离、相互制约；（2）明确重大经济活动的决策、执行程序与监督制度。单位重大经济活动（如重大对外投资、资产处置、资金调度以及其他重要经济业务等）决策与执行的流程应当明确，决策权与执行权应当分离，并相互制约、相互监督；（3）明确财产清查制度。单位进行财产清查的期限、范围、组织程序、人员责任认定办法等应当明确；（4）明确会计资料的内部审计制度。

单位内部审计机构应当对会计资料进行检查监督，明确规定审计范围、审计工作组织、审计程序、审计报告等事项。

进一步解读

单位建立内部会计监督制度是为了确保会计信息真实、完整，提高会计信息质量。影响会计信息质量的关键因素包括：(1) 经济活动合法、合规。经济业务是会计核算的对象和内容，消除经济业务事项本身可能存在的舞弊风险，就是管住了财务会计报告信息的“源头”。因此，单位应当建立、健全重要经济活动的内部控制制度，并确保内部控制有效。(2) 会计内部牵制科学有效。会计工作的内部牵制制度强调与经济活动相关的“账、钱、物”分离，且相互印证和相互牵制。因此，单位经济业务事项的审批、经办、财物保管等流程要明确，权责要清晰，而且与记账人员要相互分离、相互制约。会计信息处理过程中，不同会计岗位之间也要形成相互制约的监督机制。(3) 账实核对相符。从理论上讲，只要会计凭证、会计账簿和财务会计报告等会计资料记载和披露的经济活动信息，与单位经济活动的实际情况一致，就说明会计资料、会计信息是真实的。因此，单位必须通过财产清查等方式定期核对账目，确保账实相符。(4) 会计资料检查制度落地。对会计资料的真实性和完整性定期进行检查监督，是单位内部审计的重要内容，也是单位通过内部审计方式发现问题和查找风险点的重要渠道。对于上市公司等单位，注册会计师审计是对会计资料进行监督检查的另一种重要方式。

内部控制概念在美国1936年发布的《独立公共会计师对财务报表的审查》中被首次定义，其理论与实务的发展先后经历了内部牵制、内部控制制度、会计控制与管理控制、内部控制结构、内部控制整合框架和风险管理整合框架等不同阶段。我国财政部于2001年发布《内部会计控制——基本规范（试行)》，标志着我国开始重视内部控制制度的建设。至2008年，财政部等五部委联合发布《企业内部控制基本规范》，并强调其目的是加强和规范企业内部控制，提高企业经营管理水平和风险防范能力，促进企业可持续发展，维护社会主义市场经济秩序和社会公众利益。这表明我国开始全面推进内部控制的建立健全与落实。2012年11月，为了进一步提高行政事业单位内部管理水平，规范内部控制，加强廉政风险防控机制建设，财政部印发了《行政事业单位内部控制规范（试行）》，意味着内部控制制度在行政事业单位开始全面推行。内部控制制度源自注册会计师对财务报告的审计活动，初衷是为了降低财务报告审计的成本。就经济活动与财务会计报告披露的关系来看，经济业务的舞弊或错误是导致财务会计报告失真或造假的主要成因，控制住了经济活动这个源头，保证财务会计报告真实、完整就基本是"水到渠成"的事了。从审计的角度看，经济业务进入会计系统到财务会计报告生成，有其自身严密的处理流程，尽管也存在舞弊或错误的风险（如在会计确认环节存在舞弊或错误），但毕竟"空间有限"，审计成本也不会太高。但如果被审计单位在经济业务发生环节进行舞弊，审计成本会无法控制。现实经济生活中，从安然事件到康美药业等诸多的会计造假案例，就充分证明了这一点。

令人欣慰的是，审计师"创造"的内部控制，无论是作为理论认知还是方法工具，都已经广泛地运用于各种组织对经济活动与管理行为的控制，主要目的定位在控制风险和提高效率。而且，内部控制制度也开始内化为单位一种自律性的自我管理和自我约束制度，并成为单位管理制度体系的核心内容。从整个社会经济发展的视角看，内部控制正逐步褪去其原本的"会计审计色彩"，开始成为单位和社会的一种基本管理制度。因此，可以毫不夸张地说，内部控制是继复式记账之后会计审计行业对人类社会发展和人类文明作出的"第二大贡献"。

第二十六条　单位负责人应当保证会计机构、会计人员依法履行职责，不得授意、指使、强令会计机构、会计人员违法办理会计事项。

会计机构、会计人员对违反本法和国家统一的会计制度规定的会计事项，有权拒绝办理或者按照职权予以纠正。

【条文解释】本条规定了对会计人员依法办理会计事务的保护制度。

会计机构、会计人员依法办理会计事务，是法律赋予的职责，也是单位会计工作的基本要求。单位负责人是组织和管理单位经济活动的责任主体，也是单位保证会计资料真实、完整的第一责任人，因此，单位负责人应当为会计机构和会计人员依法履行会计工作职责在制度、人员、经费、办公条件等各个方面提供必要条件。保证会计机构和会计人员依法履职，同样是单位负责人的法定义务。单位负责人更不得授意、指使、强令会计机构和会计人员违法办理会计事项，比如，在规定的会计账簿之外私设会计账簿进行登记、核算，推迟或提前确认收入与费用，虚列利润或隐瞒利润等。

会计机构、会计人员办理会计事项，应当遵守而不得违反《会计法》和国家统一的会计制度的规定，比如，会计准则规定的收入确认标准、合并报表的合并范围、计入当期损益的利得与损失内容（营业外收入与支出的列支范围）等。对于违反《会计法》和国家统一的会计制度规定的会计事项，有权拒绝办理，如拒绝受理不真实、不合法的原始凭证等；或者按照职权予以纠正，如对记载不准确、不完整的原始凭证予以退回并要求按规定进行更正或补充等。

进一步解读

会计机构和会计人员在会计工作中应当自觉遵纪守法，敢于坚持原则。比如，在会计核算中，会计机构、会计人员对审批手续不全的财务收支，应当退回，要求补充、更正；对违反规定不纳入单位统一会计核算的财务收支，应当制止和纠正；对违反国家统一的财政、财务、会计制度规定的财务收支，不予办理；对认为是违反国家统一的财政、财务、会计制度规定的财务收支，应当制止和纠正，制止和纠正无效的，应当向单位领导人提出书面意见请求处理；对严重违反国家利益和社会公众利益的财务收支，应当向主管单位或者财政、审计、税务机关报告。

会计机构、会计人员对伪造、变造、故意毁灭会计账簿或者私设账簿的行为，以及指使、强令编造、篡改财务报告的行为，应当制止和纠正；制止和纠正无效的，应当向上级主管单位报告，请求作出处理。

第二十七条　会计机构、会计人员发现会计账簿记录与实物、款项及有关资料不相符的，按照国家统一的会计制度的规定有权自行处理的，应当及时处理；无权处理的，应当立即向单位负责人报告，请求查明原因，作出处理。

【条文解释】本条规定了账实不符的处理办法。

账实不符是会计核算工作的"大忌"，说明会计账簿记录没有真实、完整地反映单位经济活动的实际情况。会计机构、会计人员发现会计账簿记录与实物、款项及有关资料不相符时，应当按规定进行处理。属于会计账簿记录有误的，应当对账簿记录与会计凭证记录是否一致、总分类账记录与相应的明细分类账和日记账记录是否一致等进行核对检查，并按规定方法调整、更正会计账簿记录。会计机构、会计人员无权自行处理的，应当向单位负责人报告，请求通过财产清查等方式查明账实不符的原因，并根据财产清查结果调整会计账簿记录，确保账实相符。

进一步解读

单位账簿记录与财产物资的实有数量不符，可能存在两方面原因：一是账簿记录有误。此时，会计机构和会计人员应当对账簿记录的真实性、准确性和完整性进行检查，包括对会计账簿记录是否与会计凭证内容一致、总账记录与明细账记录和日记账记录是否一致进行检查。发现会计账簿记录有误时，应当采用规定的方法更正。如果会计凭证的内容没有错误，会计账簿在登记（过账）时出错，则采用划线更正法进行更正；如果是因为会计凭证中会计科目错误或记账方向（借方或贷方）错误或者记账金额大于实际金额，而导致过账时会计账簿记录出现错误，则采用红字更正法更正；如果会计凭证中会计科目、借贷方向没有错误，但记账金额小于实际金额，则采用补充登记法更正。二是财产物资存在盈亏情况。当财产物资存在账实不符现象时，单位管理部门必须高度重视，并及时通过财产清查等方式对财产物资的实有数量进行核查，确定财产物资盘盈或盘亏的实际状况。在会计核算上，会计人员需要在两个时点进行相应的会计处理，即在发现并确定财产物资存在账实不符时，需要调整相应会计账簿的记录使账实相符（如调增或调减存货的账面记录使存货账实相符），同时通过“待处理财产损溢”账户记录财产物资盘盈盘亏的情况及其处理结果；在单位管理部门依据财产物资盈亏形成的原因作出责任认定和对财产物资盘盈盘亏作出处理结果时，会计人员还应当记录该项处理结果。比如，财产盘亏由相关责任人赔偿时，应当确认并记录其他债权（其他应收款）的增加，同时核销等待处理的盘盈盘亏（财产损溢）。

第二十八条　任何单位和个人对违反本法和国家统一的会计制度规定的行为，有权检举。收到检举的部门有权处理的，应当依法按照职责分工及时处理；无权处理的，应当及时移送有权处理的部门处理。收到检举的部门、负责处理的部门应当为检举人保密，不得将检举人姓名和检举材料转给被检举单位和被检举人个人。

【条文解释】本条规定了会计违法行为的检举制度。

对于违反《会计法》和国家统一的会计制度规定的行为，任何单位和个人都有权检举，这是法律赋予的权利。收到违法行为检举的部门，有权处理的，应当依照职责分工及时处理；无权处理的，应当及时移送有权处理的部门进行处理。此处的有权和无权是相对于职责分工而言的，职责分工包括不同部门之间的分工和同一部门不同层级之间的分工。

收到检举的部门、负责处理的部门有义务为检举人保密，这是保护检举人的重要法律措施。收到检举的部门和负责处理的部门都必须对检举人履行保密义务，不得将检举人姓名和检举材料转给被检举单位和被检举个人。这其实是一项禁止性规定。另外，这里所谓的“转给”包括采用不同方式的转给、不同渠道的转给以及公开的或者变相的转给。

进一步解读

首先，《会计法》规定任何单位和个人对违反本法和国家统一的会计制度规定的行为拥有检举权，实际上是鼓励、支持对会计行为及其相关行为实行社会监督。从监督主体来看，社会监督包括单位的利益相关者（如企业的投资人、债权人等）的监督、新闻媒体的监督和社会公众的监督等。其次，《会计法》在鼓励社会监督的同时，还规定了作为收到检举的部门和负责处理的部门（主要指被检举单位的业务主管部门，财政、税务、审计、证监、金融监管等政府监管机构，以及公、检、法等司法机构）的保密义务或责任，要求这些部门必须高度重视和严肃对待。最后，《会计法》还明确了对参与社会监督的检举人的保护制度。

第二十九条　有关法律、行政法规规定，须经注册会计师进行审计的单位，应当向受委托的会计师事务所如实提供会计凭证、会计账簿、财务会计报告和其他会计资料以及有关情况。

任何单位或者个人不得以任何方式要求或者示意注册会计师及其所在的会计师事务所出具不实或者不当的审计报告。

财政部门有权对会计师事务所出具审计报告的程序和内容进行监督。

【条文解释】本条规定了财务会计报告的注册会计师审计制度。

接受委托的会计师事务所及其注册会计师对单位财务会计报告进行审计，是受法律保护、具有法律效力的行为。因此，被审计单位必须如实提供会计凭证、会计账簿、财务会计报告和其他会计资料以及有关情况，不得隐瞒或拒绝，更不得干扰、阻挠注册会计师的审计工作。这是法律规定的被审计单位及其人员必须履行的义务。

注册会计师审计是一种独立、公正的经济活动鉴证行为，任何单位和个人（包括被审计单位及其人员）不得以任何方式，要求或者示意注册会计师及其所在的会计师事务所，出具不实或者不当的审计报告。此处的不实或不当审计报告，是指会计师事务所在违反《注册会计师法》以及中国注册会计师审计准则等法律法规准则情况下出具的审计报告。一般而言，如果会计师事务所出具的审计报告存在虚假记载或误导性陈述或重大遗漏，就属于不实审计报告。

会计师事务所及其注册会计师是否依法依规从事审计业务，出具审计报告，必须接受财政部门的监督检查。这也表明财政部门是注册会计师审计工作的管理与监督部门。

进一步解读

注册会计师审计也称独立审计或社会审计，是指注册会计师依法接受委托，独立、公正执业，有偿提供专业服务的一种审计监督活动。在市场经济环境中，注册会计师审计产生于财产所有权与经营权的分离以及委托代理关系维护的客观需要。当投资者将其财产托付给经营者使用后，投资者如何评价经营者的经营业绩，如何认定和解除经营者的财产受托责任，就需要借助经营者定期提供的财务会计报告来判断和评价。而这种财务会计报告是否真实可靠，是否公允地反映了单位的经济活动实际情况，需要作为第三方的注册会计师依法依规进行审计鉴证。我国于 1993 年 10 月颁布《注册会计师法》，并于 2014 年进行了修订。从

1991 年开始，财政部和中国注册会计师协会就制定并发布了注册会计师审计的相关标准，如《注册会计师检查验证会计报表规则（试行）》等。1994 年至 2003 年，中国注册会计师协会制定了一批执业准则，如《独立审计基本准则》《独立审计具体准则第 1 号——会计报表审计》等。2006 年以来，在审计标准国际趋同的背景下，财政部发布了由中国注册会计师协会制定的数十项执业准则，包括《中国注册会计师鉴证业务基本准则》《中国注册会计师审计准则第 1101 号——财务报表审计的目标和一般原则》等。

我国制定并颁布《注册会计师法》，是为了发挥注册会计师在社会经济活动中的鉴证和服务作用，加强对注册会计师的管理，维护社会公共利益和投资者的合法权益，促进社会主义市场经济的健康发展。我国《注册会计师法》规定，注册会计师和会计师事务所依法独立、公正执行业务，受法律保护；注册会计师执行业务，可以根据需要查阅委托人的有关会计资料和文件，查看委托人的业务现场和设施，要求委托人提供其他必要的协助；注册会计师执行审计业务，必须按照执业准则、规则确定的工作程序出具报告；如果委托人示意作不实或者不当证明或者故意不提供有关会计资料和文件等，注册会计师应当拒绝出具有关报告；注册会计师违反规定，出具虚假的审计报告，须承担相应的法律责任。

在我国，政府审计、内部审计和注册会计师审计构成了我国审计体系的基本框架。注册会计师依照《注册会计师法》和中国注册会计师审计准则等执行审计鉴证业务，对财务会计报告质量进行把关，确保单位的会计资料真实、完整，为单位内部管理者、市场参与者和政府决策者进行相关决策奠定了坚实基础。政府审计机关依照《审计法》和国家审计准则等对政府部门、行政事业单位和国有企业财政收支、财务收支的真实、合法和效益进行审计监督。单位内部审计机构依照《内部审计条例》和内部审计准则等对本单位及所属单位的财政收支、财务收支及有关经济活动或者经营管理情况进行监督检查和评价。

注册会计师审计的目的在于通过对财务会计报告进行审计鉴证来控制会计信息质量，而财政部门作为会计工作管理与监督的主体和责任部门，同样需要对会计师事务所及注册会计师审计活动进行监督检查。在财政部定期组织的财会监督专项行动中，经常发现注册会计师出具审计报告的流程等存在问题，审计质量有待提高。比如，2023 年财政部组织各地财政厅（局）对 2161 家会计师事务所开展检查，发现不少会计师事务所在未履行必要的审计程序、未获取充分适当审计证据的情况下出具了审计报告，且存在拒绝、拖延提供有关资料，作虚假陈述等严重违法情节，因此，财政部依法对其中的 197 家会计师事务所、509 名注册会计师作出了行政处罚。

第三十条　财政部门对各单位的下列情况实施监督：

（一）是否依法设置会计账簿；

（二）会计凭证、会计账簿、财务会计报告和其他会计资料是否真实、完整；

（三）会计核算是否符合本法和国家统一的会计制度的规定；

（四）从事会计工作的人员是否具备专业能力、遵守职业道德。

在对前款第（二）项所列事项实施监督，发现重大违法嫌疑时，国务院财政部门及其派出机构可以向与被监督单位有经济业务往来的单位和被监督单位开立账户的金融机构查询有关情况，有关单位和金融机构应当给予支持。

【条文解释】本条规定了财政部门实施会计监督的内容。

《会计法》规定了国务院财政部门主管全国的会计工作，财政部门是会计工作管理的责任主体，也是会计工作监督的责任主体。财政部门对各单位的会计工作进行全面监督，但重点监督内容包括四个方面：（1）会计账簿设置是否合法。是否存在私设会计账簿进行登记、核算的情形；（2）会计资料是否真实、完整。会计凭证、会计账簿和财务会计报告以及其他会计资料是否存在舞弊、错误和遗漏，是否真实反映了单位经济活动的实际情况；（3）会计核算是否合规。单位的会计核算行为（包括会计要素的确认与计量、会计凭证的填制与审核、会计账簿的记录与核对、财务会计报告的编制，以及与会计核算相关的会计稽核制度等）是否符合《会计法》和国家统一的会计制度规定；（4）会计人员专业能力与道德素养是否符合要求。比如，会计人员是否能够独立处理基本会计业务，会计主管人员是否具备规定的专业技术职务或专业工作年限，会计人员的职业道德水准是否适合从事会计工作等。

进一步解读

在我国，由财政部门作为责任主体组织和实施的、以会计资料真实性和完整性检查为目的的会计监督，是完整意义上的政府会计监督。国务院财政部门及其派出机构（监管局）、地方各级人民政府财政部门，依照相关法律法规的规定，对国家机关、社会团体、公司、企业、事业单位和其他组织是否依照《会计法》和国家统一的会计制度规定进行会计工作，会计资料是否真实、完整，实施监督检查。在监督检查的执行过程中，财政部门可以根据实际情况和检查工作需要，委托会计师事务所及其注册会计师协助进行会计监督检查工作。

第三十一条　财政、审计、税务、金融管理等部门应当依照有关法律、行政法规规定的职责，对有关单位的会计资料实施监督检查，并出具检查结论。

财政、审计、税务、金融管理等部门应当加强监督检查协作，有关监督检查部门已经作出的检查结论能够满足其他监督检查部门履行本部门职责需要的，其他监督检查部门应当加以利用，避免重复查账。

【条文解释】本条规定了政府不同监管部门对会计资料的监督检查。

依照现行有关法律法规，政府财政部门负责对财税法规与政策的执行情况、政府预算及其执行、会计信息质量、注册会计师执业质量等进行监督检查，国家审计部门负责对国家重大政策措施贯彻落实情况、财政与财务收支的真实、合法和效益等进行监督检查，国家税务部门负责对税收法律法规与政策的执行情况、税收业务、税收征管等进行监督检查，国家金融监管部门负责对金融法律法规与政策的执行情况、各类金融机构、各类金融业务等进行监督检查。这些政府监管部门实施监督检查的主要目的与内容存在一定差异，但其共同点是都必须借助于被检查单位的会计资料来完成监督检查工作。

政府监管机构在执行业务（或职能）监督检查的同时，对被检查单位的会计资料实施监督检查，并对被检查单位会计资料是否真实、完整作出结论，出具检查报告。为了提高政府监督检查工作效率和减轻被检查单位的工作负担，在其他部门监督检查工作结束之后再实施监督检查的政府部门，应当充分利用之前监督检查部门已经出具的针对被检查单位会计资料是否真实、完整的检查结论，避免重复查账。

除财政、审计、税务、金融管理等部门外，证券监管、工商行政管理等部门依照法律法规规定履行监督职能时，也会涉及对单位会计资料真实性和完整性的监督检查。

进一步解读

除财政部门实施的以检查会计资料是否真实、完整为主要目标的政府会计监督外，财政、审计、税务、金融管理等部门依照其管理职责或职能实施监督检查，实质上属于“业务监管”，如财政部门对财政预决算、财政财务收支的监督检查，税务部门对税收业务的监督检查，金融管理部门对信贷业务、保险业务等的监督检查等。它们的主要目的（或全部目的）并不是检查会计资料是否真实完整，而是检查业务活动是否真实、合法和有效。但政府监管机构实施的这种监督检查，离不开单位会计资料的支撑，因而会计资料是否真实、完整也成为其监督检查的一项重要内容。

对于被检查单位而言，“多头监管”现象确实客观存在。但从国家宏观管理层面来看，“多重监管共治”又必不可少，而且，基于我国社会经济领域的现实情况和政府治理现代化以及国家监督体系进一步完善的客观需要，包括财会监督在内政府监管尚需进一步强化。因此，从完善国家监督体系和提升监管效率出发，应该考虑充分利用大数据等现代科学技术，建立国家层面的监管信息共享平台，不同的监管部门在履行监督检查职责时可以通过国家监管信息共享平台，充分利用已有的监管信息（如会计资料检查结论）。这样，既可以提高政府监督检查工作的效率，又可以减轻被检查单位负担，最大限度地节约社会资源，降低整个社会的运行成本。

第三十二条　依法对有关单位的会计资料实施监督检查的部门及其工作人员对在监督检查中知悉的国家秘密、工作秘密、商业秘密、个人隐私、个人信息负有保密义务。

【条文解释】本条规定了监督检查人员的保密义务。

所有依照法律法规规定对单位会计资料进行监督检查的部门及其工作人员，在对单位会计资料实施监督检查的过程中，可能会知悉有关的国家秘密、工作秘密、商业秘密、个人隐私、个人信息等。监督检查部门及其工作人员负有保密义务，不得以任何方式泄露其知悉的秘密或信息。

进一步解读

依法对有关单位的会计资料实施监督检查的部门及其工作人员，不仅包括各级财政部门、税务部门、审计部门、金融监管部门等参与监督检查现场工作的人员，也包括监督检查材料或档案保管人员，还包括接受政府监管部门委托、承担会计资料监督检查工作的会计师事务所及其注册会计师，以及单位内部依照法律法规等规定实施会计资料监督检查的内部审计等部门及其工作人员。

在对会计资料实施监督检查过程中，可能涉及国家秘密的监督检查事项，如对于列入国家保密范围的核心技术研发投入核算数据的核查；涉及工作秘密的监督检查事项，如单位尚未公开的重大经营计划、尚未公开的重要人事变动等；涉及的商业秘密，如客户资料、技术参数、招投标信息等，个人隐私，如职工薪酬数据、通讯秘密、身体状况等，个人信息，如个人的身份证信息、银行账户资料、通讯方式、家庭住址等。监督检查部门及其工作人员违反法律规定泄露相关秘密和信息的，需要承担相应的法律责任。

第三十三条　各单位必须依照有关法律、行政法规的规定，接受有关监督检查部门依法实施的监督检查，如实提供会计凭证、会计账簿、财务会计报告和其他会计资料以及有关情况，不得拒绝、隐匿、谎报。

【条文解释】本条规定了单位配合监督检查的义务。

监督检查部门依法对单位会计资料进行监督检查时，单位必须依照法律、行政法规的规定，接受监督检查，并如实提供监督检查所需的会计资料，包括会计凭证、会计账簿、财务会计报告和其他会计资料及有关情况。单位不得拒绝监督检查部门依法进行的监督检查，不得隐匿或者提供虚假的会计资料，不得谎报有关情况。

进一步解读

政府监督检查部门依法实施会计监督以及与会计工作相关的监督检查时，单位和会计人员及相关人员应当予以配合，如实提供监督检查人员需要的各种会计资料。拒绝、隐匿、谎报会计资料和相关情况，属于违法行为，需要承担法律责任。

政府监督检查部门依照法律规定对被检查单位进行监督检查，相关法律对被检查单位如何配合监督检查工作，都提出了明确要求。其中，涉及单位会计机构和会计人员的相关法律规定主要有：《审计法》第四十七条规定，被审计单位拒绝、拖延提供与审计事项有关的资料的，或者提供的资料不真实、不完整的，或者拒绝、阻碍检查、调查、核实有关情况的，由审计机关责令改正，可以通报批评，给予警告；拒不改正的，依法追究法律责任；我国《税收征收管理法》第五十六条规定，纳税人、扣缴义务人必须接受税务机关依法进行的税务检查，如实反映情况，提供有关资料，不得拒绝、隐瞒；我国《证券法》第一百七十三条规定，国务院证券监督管理机构依法履行职责，被检查、调查的单位和个人应当配合，如实提供有关文件和资料，不得拒绝、阻碍和隐瞒。

第四章　会计机构和会计人员

第三十四条　各单位应当根据会计业务的需要，依法采取下列一种方式组织本单位的会计工作：

（一）设置会计机构；

（二）在有关机构中设置会计岗位并指定会计主管人员；

（三）委托经批准设立从事会计代理记账业务的中介机构代理记账；

（四）国务院财政部门规定的其他方式。

国有的和国有资本占控股地位或者主导地位的大、中型企业必须设置总会计师。总会计师的任职资格、任免程序、职责权限由国务院规定。

【条文解释】本条规定了单位会计工作的组织方式。

单位如何组织会计工作，可以根据会计业务的需要和单位实际情况来决定。单位可以单独设立会计机构，并配备适当的会计人员；也可以在有关机构中设立会计岗位，并指定会计主管人员负责会计工作；也可以委托具有代理记账资格的中介机构（如会计师事务所）代理单位的会计核算业务；还可以由行政事业单位主管部门设立的“会计核算中心”代为进行会计核算。

单位可以依照法律法规设置总会计师岗位。其中，国有的和国有资本占控股地位或者主导地位的大、中型企业必须设置总会计师。总会计师应当依照国务院制定并颁布的《总会计师条例》履行自己的职责权限。

进一步解读

相对于之前的《会计法》，本次修订的《会计法》给予了单位在设立会计机构方面更大的自主权。《会计法》不再强求有条件的单位必须设立会计机构并配备会计人员，而是由单位根据自身实际情况和会计业务需要自行决定。即使有条件设立会计机构，单位也可以出于运行成本、人力成本等因素考量，而采用代理记账等方式组织本单位的会计核算工作。

我国早在1990年12月就由国务院制定并颁布了《总会计师条例》，并于2011年1月进行了修订。该条例规定，在全民所有制大、中型企业设置总会计师（事业单位和业务主管部门根据需要经批准可以设置总会计师），而且设置了总会计师的单位，在单位行政领导成员中不再设与总会计师职权重叠的副职；总会计师是单位行政领导成员，协助单位主要行政领导人工作，直接对单位主要行政领导人负责；总会计师的主要职责包括：组织领导本单位的财务管理、成本管理、预算管理、会计核算和会计监督等方面的工作，参与本单位重要经济问题的分析和决策；总会计师对违反国家财经法律、法规、方针、政策、制度和有可能在经济上造成损失、浪费的行为，有权制止或者纠正。总会计师的职权受国家法律保护，单位主要行政领导人应当支持并保障总会计师依法行使职权。总会计师制度的建立，进一步提升了会计工作在单位经营管理与决策中的重要地位。

第三十五条　会计机构内部应当建立稽核制度。

出纳人员不得兼任稽核、会计档案保管和收入、支出、费用、债权债务账目的登记工作。

【条文解释】本条规定了会计的内部稽核制度。

会计内部稽核制度是基于会计核算过程不出现舞弊或错漏以确保会

计资料真实、完整，根据会计工作的特点，而在不同会计岗位和人员之间设立的岗位相互分离、人员相互制约的一种牵制与控制制度。由于现金和银行存款的流动性强，容易产生舞弊风险，因此《会计法》专门规定了出纳岗位及出纳员的内部牵制要求。出纳员不得兼任稽核、会计档案保管和收入、支出、费用、债权债务账目的登记工作，出纳岗位要与稽核、会计档案保管和收入、支出、费用、债权债务账目的登记工作相分离，并形成相互制约的关系。主要原由是：出纳员负责现金和银行存款的保管与收付管理，而收入取得、支出与费用的支付、债权债务的形成与收回或偿还，都与现金或银行存款的收支相关。按照“钱、账、物分离”原则，出纳员“管钱”就不能再“管账”，以防止现金与银行存款管理中产生舞弊风险。出纳员不得兼任稽核和会计档案保管，道理也是如此。

进一步解读

根据会计核算工作自身的特点，单位一般可以设立以下会计工作岗位，即会计机构负责人或者会计主管人员、出纳、财产物资核算、工资核算、成本费用核算、财务成果核算、资金核算、往来结算、总账报表、稽核、档案管理等。在实际工作中，单位根据其经济活动特征等实际情况和会计核算要求，可以对这些岗位进行合并或分拆。实施会计信息化和开展管理会计工作的单位，可以根据需要设置相应的工作岗位，也可以与相应工作岗位相结合。单位会计工作岗位设置除了考虑工作内容外，还应当考虑会计稽核制度的要求。

会计工作岗位，可以一人一岗、一人多岗或者一岗多人。但依照《会计法》和《会计基础工作规范》等规定，出纳人员不得兼任稽核、会计档案保管和收入、支出、费用、债权债务账目的登记工作。另外，会计人员的工作岗位应当有计划地进行轮换。值得注意的是，会计工作的岗位分离、人员分工、相互制约、相互监督，并一定能够完全消除多岗、多人“共谋”带来的舞弊风险。因此，单位还必须强化内部审计监督和内部财会监督，以防范舞弊风险，确保会计资料真实、完整。

第三十六条　会计人员应当具备从事会计工作所需要的专业能力。

担任单位会计机构负责人（会计主管人员）的，应当具备会计师以上专业技术职务资格或者从事会计工作三年以上经历。

本法所称会计人员的范围由国务院财政部门规定。

【条文解释】本条规定了会计人员的专业能力。

会计人员是指根据《会计法》规定，在国家机关、社会团体、公司、企业、事业单位和其他组织等单位从事会计核算、实行会计监督等会计工作的人员。会计人员具有会计类专业知识，基本掌握会计基础知识和业务技能，能够独立处理基本会计业务，则表明其具备了从事会计工作所需要的专业能力。对于担任单位会计机构负责人（会计主管人员）的专业能力要求，有两个硬性条件：一是需要具有会计师以上专业技术职务资格，二是从事会计工作三年以上。满足其中条件之一者，方能担任单位的会计机构负责人（会计主管人员）。

进一步解读

我国于2019年1月施行的《会计人员管理办法》规定，会计人员包括从事以下会计工作的人员：出纳，稽核，资产、负债和所有者权益（净资产）的核算，收入、费用（支出）的核算，财务成果（政府预算执行结果）的核算，财务会计报告（决算报告）编制，会计监督，会计机构内会计档案管理等。会计机构负责人（会计主管人员）、总会计师，也属于会计人员。

会计人员从事会计工作，应当符合下列要求：(1) 遵守《会计法》和国家统一的会计制度等法律法规制度；(2) 具备良好的职业道德；(3) 按照国家有关规定参加继续教育；(4) 具备从事会计工作所需要的专业能力。会计人员的专业能力究竟如何评价或判断，并没有一个统一标准。在实际执行中，可以结合会计人员的教育背景、取得会计专业技术职务资格和注册会计师执业资格的情况、从事会计工作的经历与工作业绩等来综合评价或判断。

单位任用或聘用会计人员拥有自主权，但单位任用或聘用会计人员应当遵守《会计法》和国家统一的会计制度规定。单位任用（聘用）的会计机构负责人（会计主管人员）、总会计师，应当符合《会计法》《总会计师条例》等法律法规的有关规定。比如，拟任用或聘用担任总会计师的人员，必须在取得会计师任职资格后，主管一个单位或者单位内一个重要方面的财务会计工作，且时间不少于三年。有私设会计账簿等违法行为，情节严重的，五年内不得从事会计工作；有伪造、变造会计凭证、会计账簿，编制虚假财务会计报告等违法行为的会计人员，五年内不得从事会计工作；有提供虚假财务会计报告等违法行为，被追究刑事责任的，不得再从事会计工作。单位应当对任用或聘用的会计人员及其从业行为加强监督和管理。

第三十七条　会计人员应当遵守职业道德，提高业务素质，严格遵守国家有关保密规定。对会计人员的教育和培训工作应当加强。

【条文解释】本条规定了会计人员的道德素养与业务素养。

会计信息不仅是单位经营管理决策的依据，也是投资者、债权人等市场参与者进行决策的依据，还是政府进行宏观管理决策的依据。会计信息质量不仅会影响单位的经济管理效益，影响利益相关者的经济利益，还会影响社会公共利益。因此，会计人员应当恪守会计职业道德规范，坚持准则，不做假账，确保会计资料真实、完整，客观、公允地反映单位经济活动的实际情况。而且，会计资料往往涉及单位的商业秘密、工作秘密，部分单位还可能涉及国家秘密，因而，会计人员还应当自觉遵守国家有关保密的规定，不得泄露国家秘密、商业秘密和工作秘密等。

同时，由于会计工作是一项技术性、专业性极强的管理工作，会计人员应当持续进行专业学习，不断提升自身的业务素质。单位内部和行业组织以及财政主管部门应当加强对会计人员教育和培训工作的监督管理。

进一步解读

现代市场经济环境下，会计信息作为一种具有公共属性的产品，与社会公共利益、社会的稳定与健康发展息息相关。因此，会计人员职业道德素养十分重要。财政部于2023年1月发布了《会计人员职业道德规范》，要求使其成为广大会计人员普遍认同和自觉践行的行为准则。会计人员的职业道德规范主要包括三方面内容：一是坚持诚信、守法奉公。要以诚立身、以信立业，公私分明、克己奉公；二是坚持准则，守责敬业。严格执行准则制度，自觉抵制会计造假行为；三是坚持学习、守正创新。勤于学习、持续提升会计专业能力，与时俱进、开拓创新。

会计人员应当树立终身学习、不断创新的理念，通过加强专业学习和政治思想教育来提升自身的专业素养与政治思想觉悟。为了不断提高会计专业技术人员素质，保障会计专业技术人员合法权益，财政部于2018年5月制定并发布了《会计专业技术人员继续教育规定》，明确了会计专业技术人员享有参加继续教育的权利和接受继续教育的义务。该规定对会计专业技术人员参加继续教育的学习内容与形式、学分管理、考核与评价等提出了具体要求。该规定同时还明确了由财政部会同人力资源和社会保障部对全国会计专业技术人员继续教育工作进行监督指导。

第三十八条　因有提供虚假财务会计报告，做假账，隐匿或者故意销毁会计凭证、会计账簿、财务会计报告，贪污，挪用公款，职务侵占等与会计职务有关的违法行为被依法追究刑事责任的人员，不得再从事会计工作。

【条文解释】本条规定了禁止从事会计工作的情形。

因具有以下与会计职务有关的违法行为而被依法追究刑事责任的人员，不得再从事会计工作：（1）提供虚假财务会计报告；（2）做假账；（3）隐匿或者故意销毁会计凭证、会计账簿和财务会计报告；（4）贪污；（5）挪用公款；（6）职务侵占。

进一步解读

虚假财务会计报告是指不符合《会计法》和国家统一的会计制度规定，不能如实反映单位经济活动实际情况的财务会计报告。这种财务会计报告对单位经济活动作出了错误或者虚假的陈述，其结果会误导会计信息使用者的相关决策。从成因来看，虚假财务会计报告一般可以分为由于编报错误导致的虚假财务会计报告和由于舞弊导致的虚假财务会计报告。而后一种情况往往是涉嫌违反法律的会计违法行为。

“做账”是会计核算中的通俗称法，一般有狭义和广义之分。狭义的做账是指以账簿为中心的会计记录，主要是指会计账簿的登记；广义的做账既包括账簿登记，也包括财务会计报告编报。因此，做假账既可以专指会计账簿记录造假，也可以指会计账簿登记造假和财务会计报告编制与披露造假。会计账簿造假主要包括在规定的会计账簿之外另设会计账簿进行登记和核算，即私设会计账簿，和虚构经济业务记账或编造不实的账簿记录。

隐匿或者故意销毁会计凭证、会计账簿和财务会计报告，是指为了掩盖舞弊等违法违规事实，或者掩盖过失或发生的损失、亏损，或者其他不正当目的，而隐匿相关的会计资料，甚至故意销毁会计资料。这些违法行为，可能发生在政府监督检查部门实施监督检查的过程中，也可能发生在平时。

挪用公款是指利用职务便利将公款挪用至个人使用的行为。我国《刑法》第三百八十四条规定，国家工作人员利用职务上的便利，挪用公款归个人使用，进行非法活动的，或者挪用公款数额较大、进行营利活动的，或者挪用公款数额较大、超过三个月未还的，是挪用公款罪。

职务侵占是指利用职务上的便利将本单位财物非法占为己有的行为。我国《刑法》第二百七十一条、第二百七十二条规定，公司、企业或者其他单位的工作人员，利用职务上的便利，将本单位财物非法占为己有，数额较大的，以及挪用本单位资金归个人使用或者借贷给他人，数额较大、超过三个月未还的，或者虽未超过三个月，但数额较大、进行营利活动的，或者进行非法活动的，均需承担刑事法律责任。

第三十九条　会计人员调动工作或者离职，必须与接管人员办清交接手续。

一般会计人员办理交接手续，由会计机构负责人（会计主管人员）监交；会计机构负责人（会计主管人员）办理交接手续，由单位负责人监交，必要时主管单位可以派人会同监交。

【条文解释】本条规定了会计工作的交接。

会计人员因调动、离职等原因离开原会计工作岗位，应当依照《会计法》和国家统一的会计制度规定与接管人员办清交接手续。移交人员应当对所移交的会计凭证、会计账簿和财务会计报告及其他会计资料的真实性和完整性承担法律责任。

会计人员办理交接手续，应当按规定对其进行监督。一般会计人员办理交接手续，由会计机构负责人（会计主管人员）监交；会计机构负责人（会计主管人员）办理交接手续，由单位负责人监交，必要时上级主管单位可以派人会同监交。

进一步解读

会计人员办清交接手续的目的是区分移交人员和接管人员各自的法律责任。会计人员工作调动或者因故离职等，必须将本人所经管的会计工作全部移交给接替人员，没有办清交接手续的，不得调动或者离职。会计人员在办理移交手续前，应当做好相应的准备工作，如处理完未办理的会计事务，整理好移交材料，编制移交清册，书面说明未了事项等。对于移交人员移交的各种会计资料，接管人员要逐项核对点收。会计机构负责人、会计主管人员移交时，还必须将全部财务会计工作、重大财务收支和会计人员的情况等，向接替人员详细介绍，对需要移交的遗留问题，应当写出书面材料。交接完毕后，交接双方和监交人员要在移交清册上签名或者盖章。

第五章　法律责任

第四十条　违反本法规定，有下列行为之一的，由县级以上人民政府财政部门责令限期改正，给予警告、通报批评，对单位可以并处二十万元以下的罚款，对其直接负责的主管人员和其他直接责任人员可以处五万元以下的罚款；情节严重的，对单位可以并处二十万元以上一百万元以下的罚款，对其直接负责的主管人员和其他直接责任人员可以处五万元以上五十万元以下的罚款；属于公职人员的，还应当依法给予处分：

（一）不依法设置会计账簿的；

（二）私设会计账簿的；

（三）未按照规定填制、取得原始凭证或者填制、取得的原始凭证不符合规定的；

（四）以未经审核的会计凭证为依据登记会计账簿或者登记会计账簿不符合规定的；

（五）随意变更会计处理方法的；

（六）向不同的会计资料使用者提供的财务会计报告编制依据不一致的；

（七）未按照规定使用会计记录文字或者记账本位币的；

（八）未按照规定保管会计资料，致使会计资料毁损、灭失的；

（九）未按照规定建立并实施单位内部会计监督制度或者拒绝依法实施的监督或者不如实提供有关会计资料及有关情况的；

（十）任用会计人员不符合本法规定的。

有前款所列行为之一，构成犯罪的，依法追究刑事责任。

会计人员有第一款所列行为之一，情节严重的，五年内不得从事会计工作。

有关法律对第一款所列行为的处罚另有规定的，依照有关法律的规定办理。

【条文解释】本条规定了设置会计账簿、会计核算、任用会计人员等违法行为的法律责任。

本条界定的违法行为可以归类为五方面内容：（1）设置会计账簿违法。包括未按法律法规规定设置会计账簿和私设会计账簿；（2）会计核算违法。包括填制会计凭证、登记会计账簿、提供财务会计报告、选择会计处理方法、使用记账文字和记账本位币等违法违规；（3）会计档案保管违法；（4）会计监督检查违法；（5）任用会计人员违法。

上述违法行为的行政法律责任（也称行政责任）有两类：（1）行政处罚。包括责令整改、警告、通报批评、罚款等。其中，罚款额度为对单位可以并处二十万元以下罚款，对直接负责的主管人员和其他直接责任人员可以并处五万元以下罚款；情节严重的，分别可以并处二十万元以上一百万元以下、五万元以上五十万元以下的罚款。（2）行政处分。行政处分的种类包括警告、记过、降级、降职、撤职、开除等。对与上述违法行为相关人员的行政处分，由单位或其主管机关依法决定。行政处分仅适用于公职人员。

相关人员有上述违法行为，构成犯罪的，依法追究刑事责任。会计人员有上述违法行为，情节严重的，五年之内不得再从事会计工作。

进一步解读

本条所列违法行为中，其严重程度、关联的责任人员等存在一定差异，需要具体分析。比如，私设会计账簿、向不同的会计资料使用者提供编制依据不一致的财务会计报告、保管会计资料不善而致使会计资料毁损或灭失、拒绝依法实施的监督或者不如实提供有关会计资料及有关情况等，比其他违法行为要严重。又如，私设会计账簿的违法行为，很可能与单位负责人有关，未按照规定建立并实施单位内部会计监督制度、不依法设置会计账簿等违法行为，很可能与会计机构负责人有关，而填制会计凭证和登记会计账簿不符合规定、未按照规定使用会计记录文字或者记账本位币等，很可能与会计核算人员有关（往往也是会计机构负责人失察造成的）。

法律责任是指责任主体违反了法定或者约定的义务，而必须承担的具有强制性的特定后果。根据违法行为的性质和危害的程度不同，法律责任主要分为行政法律责任、民事法律责任、刑事法律责任三种。行政法律责任（行政责任）是指因违反行政法律法规所应承担的法律责任。民事法律责任（民事责任）是指由于违反民事法律或者合同约定，或者侵害了他人合法权益所应当承担的法律后果，如停止侵害、返还财产、赔偿损失、支付违约金、赔礼道歉等。刑事法律责任（刑事责任）是指行为人因犯罪行为所导致的，违反国家刑事法律而必须承担的惩罚性的后果，如管制、拘役、有期徒刑、无期徒刑和死刑等。现行《会计法》只对违反《会计法》违法行为的行政法律责任进行界定。违反《会计法》的行为构成犯罪的，依照《刑法》规定追究或认定刑事法律责任。违反《会计法》的行为，也可能涉及对相关当事人的人身侵害或财产损失，存在这种情形时，可以依照民法典等规定追究或认定相应的民事法律责任。

行政法律责任分为行政处分和行政处罚两类。其中，行政处分是指对国家工作人员及由国家机关委派到企事业单位任职的人员的行政违法行为，由所在单位或者其上级主管机关所给予的一种制裁性处理。行政处分的种类包括警告、记过、记大过、降级、撤职、开除等；行政处罚是指国家行政机关对构成行政违法行为的公民、法人或者其他组织实施的制裁。行政处罚包括警告、通报批评、罚款、没收违法所得、没收非法财物、暂扣许可证件、降低资质等级、吊销许可证件、限制开展生产经营活动、责令停产停业、责令关闭、限制从业、行政拘留和其他行政处罚。

除《会计法》外，其他相关法律也可能对会计违法行为进行处罚。如《税收征收管理法》第六十条，对纳税人“未按照规定设置、保管账簿或者保管记账凭证和有关资料的”违法行为，规定可以处二千元以下的罚款，情节严重的，处二千元以上一万元以下的罚款。第六十三条将纳税人“伪造、变造、隐匿、擅自销毁账簿、记账凭证，或者在账簿上多列支出或者不列、少列收入”等认定为偷税，对纳税人偷税的，由税务机关追缴其不缴或者少缴的税款、滞纳金，并处不缴或者少缴的税款百分之五十以上五倍以下的罚款，构成犯罪的，依法追究刑事责任。在这种情况下，税务机关可以依法进行办理。

第四十一条　伪造、变造会计凭证、会计账簿，编制虚假财务会计报告，隐匿或者故意销毁依法应当保存的会计凭证、会计账簿、财务会计报告的，由县级以上人民政府财政部门责令限期改正，给予警告、通报批评，没收违法所得，违法所得二十万元以上的，对单位可以并处违法所得一倍以上十倍以下的罚款，没有违法所得或者违法所得不足二十万元的，可以并处二十万元以上二百万元以下的罚款；对其直接负责的主管人员和其他直接责任人员可以处十万元以上五十万元以下的罚款，情节严重的，可以处五十万元以上二百万元以下的罚款；属于公职人员的，还应当依法给予处分；其中的会计人员，五年内不得从事会计工作；构成犯罪的，依法追究刑事责任。

【条文解释】本条规定了提供虚假财务会计报告和伪造、变造以及隐匿或故意销毁会计资料等违法行为的法律责任。

本条界定的违法行为包括三类：一是伪造、变造会计凭证、会计账簿；二是编制虚假财务会计报告；三是隐匿或者故意销毁依法应当保存的会计凭证、会计账簿、财务会计报告。

上述违法行为的行政法律责任包括：（1）行政处罚。包括责令整改、警告、通报批评、罚款和没收违法所得等。其中，对单位的罚款额度为：有违法所得二十万元以上的，可以并处违法所得一倍以上十倍以下的罚款，没有违法所得或者违法所得不足二十万元的，可以并处二十万元以上二百万元以下的罚款；对直接负责的主管人员和其他直接责任人员的罚款额度：可以处十万元以上五十万元以下的罚款，情节严重的，可以处五十万元以上二百万元以下的罚款。（2）行政处分。

相关人员有上述违法行为，构成犯罪的，依法追究刑事责任。会计人员只要有上述违法行为，五年之内不得从事会计工作。

进一步解读

一般而言，伪造是指通过造假以欺瞒他人，如伪造证书；变造是指通过篡改证据、数据等以欺瞒他人，如篡改成绩单。伪造会计凭证、会计账簿，是指以虚假的经济业务或者资金收付为前提，编造虚假会计凭证、会计账簿记录的行为，如伪造根本不存在的经济业务事项的原始凭证，或者以存在的经济业务为基础采用夸大、缩小或隐匿事实的手法伪造原始凭证等。而变造会计凭证、会计账簿，是指用涂改、挖补等手段来改变会计凭证、会计账簿等的真实内容、歪曲事实真相的行为。变造会计凭证多是在合法票据的基础上，对票据加以剪接、挖补、覆盖、涂改，从而非法改变票据的记载事项，如涂改原始凭证中的日期、数量、单价、金额等内容，利用计算机网络、复印机等工具对原始凭证进行多次处理等。

虚假一词的含义是“与事实不符”“不真实”。虚假财务会计报告是指不符合现行法律法规和会计准则等国家统一的会计制度规定的财务会计报告，也就是说，单位会计核算中会计确认、计量、记录与报告存在与会计准则规定不一致的做法。前文已经述及，即使完全依照现行法律法规和会计准则等国家统一的会计制度规定进行会计核算，包括确认、计量、记录和报告，财务会计报告是否就必然真实、客观地反映了单位经济活动的实际情况？其实不一定。因此，会计法律法规和会计准则等国家统一的会计制度也需要不断修改和完善，但这主要是会计理论研究者和会计法律法规、会计准则制定者的责任和任务。会计实务中，判断财务会计报告是否真实，是否属于虚假财务会计报告，只能依据单位会计核算工作对现行法律法规和国家统一的会计制度的遵循情况，即采用“合法性标准”而非“理论标准”。

隐匿的含义是指“隐藏、隐蔽、不显露”，从而不被发现或不被觉察。故意是指有意识地进行某种行为或采取某种态度，含有存心、蓄意之意。“故意”一词强调行为实施者的主观意愿和行为的目的性。隐匿或者故意销毁会计凭证、会计账簿和财务会计报告等会计资料，无疑是为了掩盖对行为实施者不利的证据，包括舞弊、需要承担责任的损失或过失等。故意销毁依法应当保存的会计资料，具体包括：(1) 故意销毁保管期未满而应当继续保存的会计凭证、会计账簿、财务会计报告；(2) 故意销毁保管期满但尚未结清的债权债务原始凭证以及涉及其他未了事项的原始凭证；(3) 故意不按照有关销毁会计档案的规定销毁会计凭证、会计账簿和财务会计报告。

我国《公司法》《证券法》《税收征收管理法》等也对涉及与会计凭证、会计账簿和财务会计报告相关违法行为的法律责任进行了认定。《公司法》第二百五十四条对“在法定的会计账簿以外另立会计账簿”和“提供存在虚假记载或者隐瞒重要事实的财务会计报告”这两项违法行为的处罚作出了规定。《证券法》第一百八十一条、第一百九十七条明确了发行人、信息披露义务人违法披露信息（含财务会计报告）的法律责任。《税收征收管理法》第六十条明确了在会计账簿设置和保管方面违法行为的法律责任。

我国《刑法》第一百六十一条规定，依法负有信息披露义务的公司、企业向股东和社会公众提供虚假的或者隐瞒重要事实的财务会计报告，或者对依法应当披露的其他重要信息不按照规定披露，严重损害股东和其他人利益，或者有其他严重情节的，对其直接负责的主管人员和其他直接责任人，处五年以下有期徒刑或者拘役，并处或者单处罚金；情节特别严重的，处五年以上十年以下有期徒刑，并处罚金。

《刑法》第一百六十二条规定，公司、企业进行清算时，隐匿财产，对资产负债表或者财产清单作虚伪记载或者在未清偿债务前分配公司、企业财产，严重损害债权人或者其他人利益的，对其直接负责的主管人员和其他直接责任人员，处五年以下有期徒刑或者拘役，并处或者单处二万元以上二十万元以下罚金。第一百六十二条之一规定，隐匿或者故意销毁依法应当保存的会计凭证、会计账簿、财务会计报告，情节严重的，处五年以下有期徒刑或者拘役，并处或者单处二万元以上二十万元以下罚金。单位犯前款罪的，对单位判处罚金，并对其直接负责的主管人员和其他直接责任人，依照前款的规定处罚。

《刑法》第二百二十九条规定，承担资产评估、验资、验证、会计、审计、法律服务等职责的中介组织的人员，故意提供虚假证明文件，情节严重的，处五年以下有期徒刑或者拘役，并处罚金。提供与证券发行、重大资产交易等相关的资产评估、会计、审计等证明文件，情节特别严重的，处五年以上十年以下有期徒刑，并处罚金。这里的虚假证明文件包含了虚假财务会计报告。

伪造、变造会计凭证、会计账簿，如果涉及逃避缴纳税款，涉嫌犯罪的，还需要依法按照《刑法》第二百零一条规定进行处罚。

第四十二条　授意、指使、强令会计机构、会计人员及其他人员伪造、变造会计凭证、会计账簿，编制虚假财务会计报告或者隐匿、故意销毁依法应当保存的会计凭证、会计账簿、财务会计报告的，由县级以上人民政府财政部门给予警告、通报批评，可以并处二十万元以上一百万元以下的罚款；情节严重的，可以并处一百万元以上五百万元以下的罚款；属于公职人员的，还应当依法给予处分；构成犯罪的，依法追究刑事责任。

【条文解释】本条规定了授意、指使、强令会计机构、会计人员造假的法律责任。

任何单位或个人不得授意、指使、强令会计机构、会计人员及其他人员伪造、变造会计凭证、会计账簿，编制虚假财务会计报告或者隐匿、故意销毁依法应当保存的会计凭证、会计账簿、财务会计报告。

上述违法行为的法律责任包括：（1）行政处罚。包括警告、通报批评、罚款。对有上述违法行为的单位或个人，可以并处二十万元以上一百万元以下的罚款；情节严重的，可以并处一百万元以上五百万元以下的罚款。（2）行政处分。构成犯罪的，还要依法追究刑事责任。

进一步解读

一般而言，授意是指将自己的想法告诉别人，支使别人去执行，且多指暗中进行。指使是指自己出主意而让别人按其意思去行事，即“幕后出谋唆使”。强令即强制、命令，是指明知其命令是违法违规的，而强迫他人执行其命令的行为。

我国《刑法》第一百六十一条第二款规定，“前款规定的公司、企业的控股股东、实际控制人实施或者组织、指使实施前款行为的，或者隐瞒相关事项导致前款规定的情形发生的，依照前款的规定处罚”。此处涉及“指使”会计机构、会计人员编制虚假财务会计报告的违法犯罪行为，以及对其刑事责任的认定。

第四十三条　单位负责人对依法履行职责、抵制违反本法规定行为的会计人员以降级、撤职、调离工作岗位、解聘或者开除等方式实行打击报复，依法给予处分；构成犯罪的，依法追究刑事责任。对受打击报复的会计人员，应当恢复其名誉和原有职务、级别。

【条文解释】本条规定了对会计人员打击报复的法律责任。

会计人员依法履行职责、抵制违法《会计法》规定的行为，是法律赋予会计人员的正当权益，受法律保护。单位负责人以降级、撤职、调离工作岗位、解聘或者开除等方式，对依法行使职权的会计人员进行打击报复，应当承担法律责任，包括行政处分和刑事责任。同时，应当为受打击报复会计人员恢复名誉和原有职务、级别。

进一步解读

依法进行会计核算、实施会计监督，是法律规定的会计人员基本职责，也是保证会计凭证、会计账簿和财务会计报告等会计资料合法、真实、完整的重要手段。会计人员依法履行职责的行为应当受到法律保护。单位负责人对依法履行职责、抵制违反《会计法》和国家统一的会计制度规定行为的会计人员，进行打击报复，属于违法行为，情节轻微，不构成犯罪的，应当依照《会计法》和有关法律法规的规定，由其单位或者有关单位给予行政处分；构成犯罪的，追究相应的刑事责任。我国《刑法》第二百五十五条规定，公司、企业、事业单位、机关、团体的领导人，对依法履行职责、抵制违反会计法、统计法行为的会计、统计人员实行打击报复，情节恶劣的，处三年以下有期徒刑或者拘役。对会计人员进行打击报复的，除对单位负责人依法进行处罚外，还应当依照《会计法》规定采取必要的补救措施，包括恢复名誉和恢复原有职位和级别。此外，因打击报复而使会计人员名誉、利益等受到侵害的，还可以依照《民法典》规定，要求单位负责人或相关人员承担停止侵权、恢复名誉、赔礼道歉、赔偿损失等民事责任。

第四十四条　财政部门及有关行政部门的工作人员在实施监督管理中滥用职权、玩忽职守、徇私舞弊或者泄露国家秘密、工作秘密、商业秘密、个人隐私、个人信息的，依法给予处分；构成犯罪的，依法追究刑事责任。

【条文解释】本条规定了监督检查人员渎职的法律责任。

实施会计监督检查的财政部门和税务、审计、金融监管等部门的工作人员，应当依法依规履行监督检查职责，不得滥用职权、玩忽职守、徇私舞弊，也不得以任何方式泄露在监督检查工作中知悉的国家秘密、工作秘密、商业秘密、个人隐私、个人信息。有上述违法行为的，应当根据情节轻重，依法追究行政责任或刑事责任。

进一步解读

按照《会计法》规定，国务院财政部门主管全国的会计工作，县级以上人民政府财政部门管理本行政区域内的会计工作，依法对会计工作进行监督检查。财政、审计、税务和金融监管等部门依照法律法规规定的职责，对有关单位的会计资料实施监督检查。在监督检查中，监督检查人员应当严格按照法律法规规定的职责权限、方式、程序履行监督职责，忠于职守、秉公执法，不得滥用职权、玩忽职守、徇私舞弊，也不得违反法律法规规定泄露知悉的相关秘密和信息。

滥用职权是指国家机关工作人员故意逾越职权，不按或违反法律决定处理其无权决定、处理的事项，或者违反规定处理公务，致使侵吞公共财产、国家和人民遭受重大财产损失等行为。滥用职权侵犯的是国家机关的正常活动，或者是公共财产或者公民的人身及其财产。玩忽职守是指国家机关工作人员对工作严重不负责任，致使公共财产、国家和人民的利益遭受重大损失的行为，其主观上出于行为人职务上的过失，如疏忽大意、过于自信、擅离职守等，具体表现为不履行职责、不正确履行职责和放弃履行职责。徇私舞弊是指国家工作人员利用职务上的便利和权力，徇个人私利或者亲友私情，故意颠倒黑白作枉法裁判，或者利用职务包庇、窝藏犯罪行为人或隐瞒、掩饰其犯罪事实的行为。

第四十五条　违反本法规定，将检举人姓名和检举材料转给被检举单位和被检举人个人的，依法给予处分。

【条文解释】本条规定了违法转送检举材料的法律责任。

对于违反《会计法》和国家统一的会计制度规定的违法行为，任何单位和个人都有权检举。同时，检举人的合法权益受法律保护。认真、及时处理各单位和个人的检举材料，是各级人民政府及其相关部门的一项重要职责。收到检举材料的部门不仅应当依法依规对举报材料进行处理（无权处理时应当移送有权处理的部门进行处理），还必须为检举人保密。违反规定将检举人姓名和检举材料转给被检举单位和被检举人个人的，应当承担行政处分的法律责任。

进一步解读

检举的含义与“举报”相同，意指通过书信、电话、邮件等方式，向有关部门或组织揭露特定单位或个人的违法、犯罪行为。检举的主体可以是发现违法、犯罪行为的任何个人、法人或其他组织；检举的内容可以涉及各个领域和方面，如贪污受贿、渎职侵权、包庇罪犯、逃避税款、私设账簿、生产或销售伪劣商品、侵犯知识产权、走私贩私、破坏环境资源保护等；检举的方式可以是实名，也可以是匿名。检举制度是利用社会力量打击违法、犯罪行为的重要方式。对于与会计工作相关的违法、犯罪行为，在法律层面建立起相应的检举制度，强化了社会监督的法律地位，有利于通过社会监督来遏制会计造假，保证会计资料真实、完整。

检举制度的核心内容之一是对检举人合法权益的保护。有关部门或组织收到检举材料应当依法进行处理，并为检举人保密，不得违规将检举人姓名和检举材料转给被检举单位和被检举人个人。针对不同领域违法行为检举问题的管理，相关政府部门或国家机关还出台了详细的实施办法。比如，国家税务总局于2019年11月26日发布了《税收违法行为检举管理办法》，对税收违法行为检举管理原则、检举事项的接收与受理、检举事项的处理、检举事项的管理、检举人的答复与奖励、权利保护、法律责任等作出了详细规定。其中，第三十八条明确规定，严禁泄露检举人的姓名、身份、单位、地址、联系方式等情况，严禁将检举情况透露给被检举人及与案件查处无关的人员，第三十九条规定，税务机关工作人员违反规定将检举人的检举材料或者有关情况提供给被检举人或者与案件查处无关人员的，依法给予行政处分。中共中央办公厅于2020年1月21日发布的《纪检监察机关处理检举控告工作规则》第四十七条规定，纪检监察机关应当建立健全检举控告保密制度，严格落实保密要求，严禁将检举控告材料、检举控告人信息转给或者告知被检举控告的组织、人员。

第四十六条　违反本法规定，但具有《中华人民共和国行政处罚法》规定的从轻、减轻或者不予处罚情形的，依照其规定从轻、减轻或者不予处罚。

【条文解释】本条规定了违反行为的责任减免。

违反《会计法》规定，有第四十条至第四十五条所列行为的，如果符合《行政处罚法》规定的从轻、减轻或者不予处罚的情形，可以按规定从轻、减轻或者不予处罚。

进一步解读

单位负责人、会计人员及其他相关人员有《会计法》认定的违法行为，只要符合《行政处罚法》规定的条件，也可以按规定从轻、减轻或者不予处罚。

我国《行政处罚法》第三十二条规定，当事人应当从轻或者减轻行政处罚的情形包括：（1）主动消除或者减轻违法行为的危害后果；（2）受他人胁迫或者诱骗实施违法行为；（3）主动供述行政机关尚未掌握的违法行为；（4）配合行政机关查处违法行为有立功表现；（5）法律、法规、规章规定及其他应当从轻或者减轻行政处罚。

《行政处罚法》第三十三条规定，违法行为轻微并及时改正，没有造成危害后果的，不予行政处罚；初次违法且危害后果轻微并及时改正的，可以不予行政处罚；当事人有证据足以证明没有主观过错的，不予行政处罚。对当事人的违法行为依法不予行政处罚的，行政机关应当对当事人进行教育。

《行政处罚法》第五十七条规定，调查终结，行政机关负责人应当对调查结果进行审查，如果违法行为轻微，依法可以不予行政处罚的，不予行政处罚；违法事实不能成立的，不予行政处罚。

第四十七条　因违反本法规定受到处罚的，按照国家有关规定记入信用记录。

违反本法规定，同时违反其他法律规定的，由有关部门在各自职权范围内依法进行处罚。

【条文解释】本条规定了信用记录和法条竞合。

单位及其单位负责人、会计机构负责人（会计主管人员）和其他会计人员，因违反《会计法》规定受到处罚的，包括行政处分、行政处罚和刑事处罚，按照国家有关规定记入信用记录。

除《会计法》外，其他相关法律如《审计法》《证券法》《公司法》《商业银行法》《保险法》《税收征收管理法》等也对相关单位的会计工作作出了相应规范，并赋予了相关政府监管部门对会计工作实施监督检查和对相关会计违法行为进行处罚的职权。根据本条规定，如果违反《会计法》的行为，同时违反其他相关法律的，由有关部门（如国家审计机关、国家税务部门、金融监管部门、证券监管部门等）在各自职权范围内依法进行处罚。

进一步解读

诚实守信，遵纪守法，是会计人员从事会计工作的基本职业操守。财政部于2018年4月发布了《关于加强会计人员诚信建设的指导意见》，要求认真落实党中央、国务院决策部署，以培育和践行社会主义核心价值观为根本，完善会计职业道德规范，加强会计诚信教育，建立严重失信会计人员“黑名单”，健全会计人员守信联合激励和失信联合惩戒机制，积极营造“守信光荣、失信可耻”的良好社会氛围。

我国《行政处罚法》第二十九条规定，“对当事人的同一个违法行为，不得给予两次以上罚款的行政处罚。同一违法行为违反多个法律规范应当给予罚款处罚的，按照罚款数额高的规定处罚”。这就是法条竞合。比如，对上市公司编制和提供虚假财务会计报告等违法行为的处罚，同时涉及《会计法》第四十一条和《证券法》第一百九十七条的规定，在这种情况下，国家财政部门和证券监管部门都可以在自身的职权范围内进行处罚，但违法行为已经被有关部门处罚过的，不再重复处罚，罚款金额按照罚款数额高的规定确定。也就是遵循“一事不再罚”原则。

法条竞合是指一个违法行为同时触犯数个具有包容关系的具体违法条文，依法只适用其中一个法条进行处罚的情形。对法条竞合的处理原则一般是：当法条重合时，特别法优于普通法；当法条交叉时，复杂法优于简单法；在某些特殊情况下适用重法优于轻法原则。

第六章　附　　则

第四十八条　本法下列用语的含义：

单位负责人，是指单位法定代表人或者法律、行政法规规定代表单位行使职权的主要负责人。

国家统一的会计制度，是指国务院财政部门根据本法制定的关于会计核算、会计监督、会计机构和会计人员以及会计工作管理的制度。

【条文解释】本条规定了单位负责人和国家统一的会计制度的含义。

按照本法规定，《会计法》的适用范围包括国家机关、社会团体、公司、企业、事业单位和其他组织等。单位负责人是指国家机关、社会团体、公司、企业、事业单位和其他组织等的法定代表人或者法律、行政法规规定代表单位行使职权的主要负责人，是单位组织和管理经济业务活动的主要责任人，也是对本单位会计工作和会计资料真实与完整承担责任的第一责任人。单位负责人应当保证会计机构、会计人员依法履行会计核算与会计监督职责，不得授意、指使、强令会计机构和会计人员违法办理会计事项。

国家统一的会计制度是由国务院财政部门依据《会计法》和相关法律法规，制定并发布的关于会计核算、会计监督、会计机构和人员以及会计工作管理等的一系列规章、准则、制度、规定和管理办法，内容涉及会计准则（含基本准则、具体准则及解释等）与制度、会计基础工作、内部控制、成本核算、管理会计、会计信息化、代理记账、会计档案管理、会计人员管理、继续教育、职业道德规范等各个方面。

进一步解读

国家机关、社会团体、公司、企业、事业单位和其他组织等单位中，有些单位是具有法人资格的组织，如公司、国家机关、事业单位等，有些是非法人组织，如合伙企业、个人独资企业等。因而，单位负责人包括法人组织的法人代表和法律法规规定代表单位（非法人组织）行使职权的主要负责人。我国《民法典》规定，法人是具有民事权利能力和民事行为能力，依法独立享有民事权利和承担民事义务的组织；法人应当依法成立。因此，法人的本质是法人能够与自然人同样具有民事权利能力，成为享有权利、负担义务的民事主体。法人组织必须明确法人代表，法人代表是法人组织的主要负责人。非法人组织的主要负责人包括两种情况，一是法律法规规定代表单位行使行政职权或对外代表单位的人员，二是法律法规规定需要办理登记手续且其章程或登记文件中载明的主要负责人。

国家统一的会计制度依据《会计法》制定，是对《会计法》中会计核算和会计监督等工作的要求与规定作进一步细化或提出具体要求。国家统一的会计制度是国家要求强制执行的会计行为规范。2019 年 10 月，财政部发布的《关于加强国家统一的会计制度贯彻实施工作的指导意见》强调，国家统一的会计制度尤其是规范会计核算的准则制度，是生成和提供口径一致、相互可比会计信息的重要标准，是投资者、债权人、社会公众、政府部门等运用会计信息进行投资决策、宏观调控等的重要依据。各地区、各部门应当严格遵循《会计法》关于“国家实行统一的会计制度”的规定，不得擅自修改、调整、补充规定、解释国家统一的会计制度规定的政策口径。

第四十九条　中央军事委员会有关部门可以依照本法和国家统一的会计制度制定军队实施国家统一的会计制度的具体办法，抄送国务院财

政部门。

【条文解释】本条规定了军队制定实施办法的原则。

由于军队会计核算与会计监督的特殊性，本法规定中央军事委员会有关部门可以依照《会计法》和国家统一的会计制度制定其实施办法。但实施办法必须遵循和体现《会计法》的核心原则要求，包括：（1）依法设置会计账簿，并保证会计资料的真实、完整；（2）建立健全会计内部稽核制度并将其纳入单位的内部控制制度；（3）必须以实际发生的经济业务为依据进行会计核算，不得伪造、变造会计凭证、会计账簿，编制虚假财务会计报告，隐匿或者故意销毁依法应当保存的会计凭证、会计账簿和财务会计报告；（4）不得授意、指使、强令会计机构、会计人员及其他人员伪造、变造会计凭证、会计账簿，编制虚假财务会计报告或者隐匿、故意销毁依法应当保存的会计凭证、会计账簿和财务会计报告。

第五十条　个体工商户会计管理的具体办法，由国务院财政部门根据本法的原则另行规定。

【条文解释】本条规定了个体工商户会计管理的办法。

我国《民法典》规定，“自然人从事工商业经营，经依法登记，为个体工商户”。个体工商户以个人财产或家庭财产作为经营资本，依法核准登记，并在法律规定的范围内从事经营活动。个体工商户由个人经营的，以个人财产承担债务；由家庭经营的，以家庭财产承担债务；无法区分的，以家庭财产承担债务。这是个体工商户的基本特征。个体工商户办理会计事务，原则上不适用本《会计法》。个体工商户会计管理的具体办法，由国务院财政部门根据《会计法》的原则另行规定。同样道理，个体工商户会计管理办法必须体现《会计法》所要求的“依法设置会计账簿并确保会计资料真实、完整”，“不得伪造、变造会计凭证、会计账簿，编制虚假财务会计报告，隐匿或者故意销毁依法应当保存的会计凭证、会计账簿和财务会计报告”等核心原则。

第五十一条　本法自2000年7月1日起施行。

【条文解释】本条规定了《会计法》的施行日期。

本《会计法》施行前颁布的会计法律法规规章的内容与本法不相符的，自动失去效力，国家有关部门应当对与本法不符的内容予以修改或废止。单位的会计核算与会计监督工作行为、国家有关部门对会计资料进行监督检查的行为，不符合本法规定的，应当根据本法的规定加以改正，使之符合本法的要求。《会计法》不具有法律上的溯及力。法律上的溯及力是指新法对它生效前所发生的行为和事件可加以适用的效力。《会计法》只适用其施行以后发生的行为。需要说明的是，本次修改《会计法》的决定自2024年7月1日起施行，但由于本次《会计法》修改是对原有《会计法》的修正，故现行《会计法》的施行时间仍然是2000年7月1日。

第二部分

《会计法》修订研究[①]

① 本部分是《会计法》修订的研究成果，为了保持其原有内容，行文未作调整。请阅读时注意。比如，文中“现行《会计法》”是指本次修正之前的2017年版《会计法》。

第七章 论《会计法》修订的理论依据与现实选择

【摘要】 修订和完善《会计法》是“依法治国”要求的具体体现。我国《会计法》修订既要适应社会经济环境深刻变革的内在要求，又要解决会计工作及会计行业面临的重大现实问题，因此，需要从理论上对这些重大问题进行剖析，并作出符合现实要求的抉择。本文依据会计科学理论与法学理论，对会计行为的法律特征、会计工作的理论边界以及《会计法》应当予以规范的会计工作的现实内容、会计行为约束机制（含“会计监督”）的内涵与外延、会计法律责任体系及其结构与内容等进行了梳理与分析，并结合我国社会经济发展的客观现实对《会计法》修订提出了相应的政策建议。

【关键词】《会计法》修订；会计工作；会计行为约束机制；会计法律责任

一、引言

《中华人民共和国会计法》（以下简称《会计法》）于 1985 年制定颁布，至今已过“而立之年”。三十多年来，《会计法》在规范会计行为，保证会计资料真实、完整，强化财务管理与经济管理，维护社会主义市场经济秩序等方面，发挥了积极作用。其间，随着社会经济环境的变化，全国人大分别于 1993 年和 2017 年对《会计法》进行了二次修正，1999 年对《会计法》进行了全面修订。2016 年以来，财政部根据推进政府治理现代化与政府职能转变以及“全面深化改革”“全面推进依法治国”等要求，正式启动了我国《会计法》的第二次全面修订工作。2017 年 8 月，财政部成立了“《会计法》修订工作领导小组”，以加强对《会计法》修订工作的组织和领导。毫无疑问，修法的目的是改进或完善现行《会计法》不适应社会经济环境变化要求的内容，进一步提升《会计法》的科学性、规范性和有效性，实现依法治国的目标。已有研究表明，我国现行《会计法》存在的不足主要表现在，所规范的会计行为内容不完整，会计监督作用弱化与会计监管机制存在缺陷，威慑力与约束力不够（王昌锐等，2017）。我们认为，作为一部法律，《会计法》首先必须具备法律规范的基本特征；其次，作为规范会计行为的法律，《会计法》应该遵循会计学科发展与会计实践行为的内在规律。因此，欲解决现行《会计法》存在的不足，需要依据会计科学理论与法学理论对《会计法》涉及的若干重大问题进行梳理与反思，并依据我国社会经济环境的现实情景与需要作出抉择。

本文对与本次《会计法》修订直接相关的四个重大问题进行探讨：一是对会计行为法律特征的认识，其涉及对整个《会计法》内容框架与具体条款安排的理解；二是从理论上明确会计工作的边界，并基于会计工作现实和我国立法现状界定必需纳入《会计法》范畴的会计行为以及与会计行为密切相关的单位[①]管理行为的内容；三是重新梳理会计监督及其机制的“内涵”与“外延”，厘清会计行为约束机制（包括“内部会计监督”和“外部会计监督”）的理论与现实边界，以便进一步明确《会计法》需要充实和完善的会计监督（管）要求；四是立足于会计行为的基本特征，从法理综合分析视角构建科学的会计法律责任体系，补充和完善现行《会计法》法律责任的类型，进一步细化责任认定和处罚标准。

---

① 为简化起见，本文将企业、行政事业单位等统称为“单位”，且在后文阐述会计行为的相关问题时，主要以企业为例。

二、对会计行为法律特征的再认识

法是最高层次的行为规范，同时，法又是由国家强制力保证实施的规定权利和义务的社会规范。在经济领域，国家为了保证经济活动的有序进行，制定了包括创造平等竞争环境、维护市场秩序的法律（如反垄断法）和国家宏观调控与管理经济活动的法律（如预算法、审计法）（张文显，2011）。会计法属于经济法律体系的重要内容，世界上主要国家均对单位的会计行为从法律层面上加以规范。在形式上，大多数国家（如美国、英国、德国等）选择在公司法或商法（典）中对会计行为提出具体的法律要求，而中国、法国[①]、俄罗斯等少数国家则制定了单独的会计法（或会计核算法）。

从会计发展的历史逻辑来看，向利益相关者等信息使用者提供特定单位的财务状况、经营业绩和现金流量等会计信息，是会计工作的基础性职能[②]。尤其是在市场经济条件下，会计信息已经成为资本市场不可或缺的要素，会计信息质量直接影响到资本市场的正常运转，因而会计工作比以往更加重要。在资本市场中，会计信息是全体市场参与者认识、了解市场状况并据以作出判断的一种“公共信息资源”，它具有显著的“社会意义”，因此，提供会计信息的行为是一种“社会指向”的行为，这是会计立法的基本依据。会计学者的研究成果已经表明，会计行为具有明显的“经济后果”（Zeff，1978）[③]。

会计行为及会计信息会实质性地影响利益相关者的经济利益（王

---

① 法国的《商法》与《公司法》对会计行为有较为详细的规定，因而法国《会计法》的作用有限。

② 即便是在信息技术、人工智能等现代技术日新月异的当今，提供或披露会计信息依然是单位会计工作的重要内容。现代科学技术改变着会计信息的存储及传输方式，但无法改变会计信息生成的内在逻辑。

③ Zeff 认为，自从会计信息作为一种特殊“产品”进入市场以后，会计便产生了“经济后果”。

竹泉和毕茜茜，2008）。其一，会计行为以及会计信息生成与披露的“游戏规则”（如《会计法》、会计准则等）决定着投资者、债权人等利益相关者的“既得利益”。比如，会计准则所界定的收入、利润的确认标准、计量方法，决定着企业在特定期间的净利润规模以及相关的利润分配空间，而企业依此实施的股利分配方案则决定了投资者能够分享的经济利益的多寡。其二，会计信息系统提供的会计信息是否能够满足利益相关者进行经济决策的需要（即会计信息质量），直接影响到投资者、债权人等决策的成败。会计信息对投资者决策行为的影响，会因为其质量缺陷导致两种主要后果：一是导致资本市场的资源配置功能失去应有的作用，表现为投资者的投资行为低效甚至失败，以及整个资本市场的资源配置效率降低或者为零；二是由于虚假会计信息的“误导”而致使众多投资者的经济利益受损，为社会不稳定“埋下种子”，其结果不仅会影响资本市场的正常运转，也会影响整个社会经济的稳定与发展。

因此，在市场经济环境中，特定单位的会计行为一定会对其他主体（如投资者、债权人、政府、社会公众等利益相关者）的利益和关系产生直接或间接的影响。会计行为具有明确的“社会指向”，其会与社会利益产生各种各样的联系，“或者与社会利益一致，或者与社会利益产生矛盾和冲突”（张文显，2011）。因此，会计行为具有法律意义，是一种法律行为。具体包括：

（1）会计行为具有“法律性”。法律性是指法律行为由法律规定、受法律调整、能够发生法律效力或产生法律效果。其主要包括两层含义：

一是由于行为具有社会指向，可能造成社会矛盾、冲突和社会危害性，因此才有可能、有必要对其通过法律形式予以调整。会计信息是会计行为的结果，而会计信息质量直接影响到外部利益相关者的切身利益，因此，会计违法行为导致会计信息失真（吴联生，2001），损害市场中投资者等的利益，影响资本市场的正常运行，从而“造成社会矛盾、冲突和社会危害性”。

二是法律行为是能够发生法律效力或产生法律效果的行为。首先，具有法律效力的法律行为是交互性的，处在一定的关系（法律关系）之中，要么受其他行为的支配（如履行义务的行为），要么对其他行为有支配力（如行使权利的行为）。在现代市场经济环境中，会计行为及其特征取决于投资者与公司管理者之间的“委托代理”机制。由于“两权分离”的客观存在，公司管理者必须定期向投资者等外部利益相关者提供能够满足其决策需要的信息，因而向外部利益相关者提供会计信息就成为公司代理人必须履行的一种法定义务。其次，具有法律效力的法律行为一旦形成，就受到法律的约束或保护。从会计发展历史来看，经济组织一旦建立，会计工作就成为该组织的一项重要工作内容。“企业的组织工作目标在于维护、扩大所有者权益，而这一目标在很大程度上是通过财务会计部门的反映与控制工作去实现的”（郭道扬，2004）。因此，会计行为是经济组织行为的重要内容，在组织目标框架下，会计行为会受到法律的约束和保护。最后，能够产生法律效果的法律行为，会引起人们之间权利义务关系的产生、变更或消灭，这种行为有两种结果：合法的行为会受到法律的承认、保护或奖励，而违法的行为会受到法律的否定、撤销或惩罚。会计行为所具有的“经济后果”特征，使会计行为在微观层面会影响到一个单位的经营管理活动及其效果，影响投资者等利益相关者的决策行为与后果；在宏观层面会影响到资本市场的正常秩序，影响到整个社会经济资源的配置效率。因此，合法的会计行为及高质量的会计信息会促进宏观及微观层面的经济管理活动，提高资源配置效率，维护资本市场的正常秩序，保护投资者利益，因而会受到法律的承认和保护；而会计造假等违法行为则会损害投资者利益，破坏市场的公平与效率，因而会受到法律的惩罚。

把具有社会意义的行为纳入法律调整的范畴，并对不同的行为模式及行为结果作出明确规定，是立法的基本要求。会计行为具有明确的社会指向，可能造成社会矛盾、冲突和社会危害，因此，其有必要受到法律的调整。

（2）会计行为具有“意志性”。行为总是与人们的目的、欲望、意识、意志相联系，因为有目的、欲望、意识、意志，所以人们才会有相应的外部举动。人总是预先确定目标并选择达成此目标的手段，进而使用选择的手段而向达成目标的方向努力（陈世伟，2008）。法律行为是人（包括法人和非法人单位）所实施的行为，受人的意志的支配和控制。这种行为反映了人们对一定的社会价值的认同、对一定的利益和行为结果的追求、对一定的活动方式的选择。

会计行为具有法律上的这种意志性。其一，会计行为具有明确的目标导向。无论是奉行“受托责任观”还是“决策有用观”，会计理论与实务界都把向利益相关者提供相关、可靠（或“如实反映”）的会计信息，作为会计行为最基本、最直接的目的；其二，会计行为受到管理当局（管理层）的引导和约束。在市场经济环境中，会计过程面临诸多不确定性，因而，必须进行会计政策选择和进行会计估计，而这些会计政策与会计估计的决定权往往都掌握在管理当局手中；其三，会计行为与“利益”直接关联。国内外形形色色的会计舞弊事件（如安然事件等），已经充分证明了会计行为的“利益驱动”现象。会计研究中的“盈余管理”（或“利润操纵”），也无非是在有利于内部管理者还是有利于外部利益相关者之间的“非随机游走”；其四，会计行为存在多种选择模式。比如，从不同国家或地区会计与经济发展的关系来看，世界范围的会计行为模式可以区分为宏观化会计模式、微观化会计模式、独立化会计模式和统一化会计模式；从会计信息目标指向来看，会计行为模式可以区分为市场（金融市场）导向会计模式和法律导向会计模式；从会计计量技术来看，会计模式可以区分为历史成本会计模式和公允价值会计模式，等等。在不同的会计行为模式下，会计行为特征以及会计行为内容等都存在一定差异。

总之，会计行为具有法律行为的基本特征，其属于有可能、有必要由法律来调整和规范的行为。因此，此次《会计法》修订，需要从法理角度进一步对我国《会计法》涉及的“法律规则”“法律原则”“法律概念”等问题予以梳理和研究。

三、从特定主体的会计行为运行机制来把握《会计法》的基本框架与内容

会计行为是特定单位管理行为（如企业的管理行为）的重要内容。在现代市场经济条件下，基于企业作为真正独立市场主体的认识前提，会计行为具有两个重要的特征：一是会计工作相对于企业的其他管理工作而言，其自身所具有的明显的专业性特点使得其不可能被其他管理工作所替代，会计工作具有清晰的管理边界；二是基于管理学原理，同一组织主体内的会计管理行为必须与其他管理行为“有机协调”，才能真正实现会计工作的“内在价值”，也才能实现企业整体管理效率最大化的目标。

与特定单位其他管理行为不同的是，在财产权利归属多元化的市场经济环境中，由于会计行为的后果往往涉及单位外部不同利益相关者的利益，单位的会计行为还必须受到政府的刚性管制。因此，政府会通过制定一系列规则甚至法律来强化对会计行为的约束，并建立一整套会计行为约束机制来加以实施。一般而言，市场经济环境中的会计行为运行机制如图 1 所示：

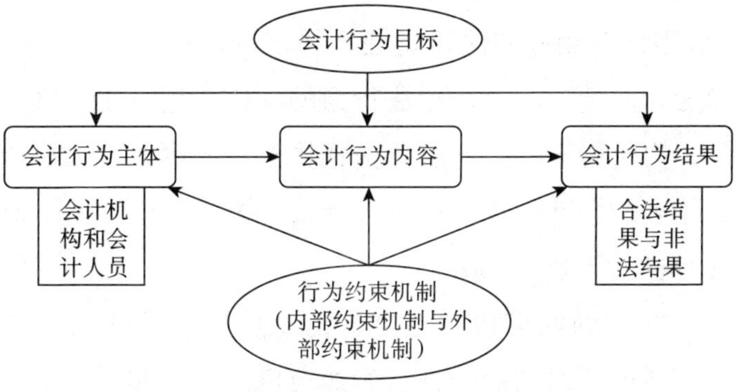

图 1　会计行为运行机制

据此，笔者认为：

（1）会计行为具有明确的目标指向和特定的行为内容，因此，《会计法》应该明确会计行为的目标和内容。然而，需要注意的是，在我国，单位会计行为的某些内容已经有相应法律加以规范，如公司制企业的资本金制度以及股利政策设计等已经有《公司法》等规范，发行股票或债券等融资行为已经有《证券法》规范，纳税行为已经有“税法”及《税收征收管理法》规范等，因而《会计法》就无需再规范。这也是法律制定与修订的一项基本原则。

（2）会计行为的主体包括会计机构和会计人员，会计机构的设置要求、会计人员的专业能力等直接影响会计工作质量，因此，《会计法》应该明确会计机构设置与会计人员任用等的基本要求。然而，针对我国多数地区代理记账业务蓬勃兴起的现实情况，考虑到扩大企业自主权等要求，在企业单位的会计机构设置方面，《会计法》可以赋予企业更多的选择权。同时，对新出现的代理记账行为所涉及的权责关系、法律责任等需要重点关注和明确。

（3）会计行为的后果无非两种情况，一种是单位严格依照《会计法》以及其他会计规范进行会计核算等，其行为后果肯定是“合法结果”，对于这种合法的会计行为，《会计法》应当确立相应的权益保护制度以保护会计人员与相关人员的合法权益；另一种是因违反《会计法》及其他会计规范而产生的“非法结果”，对这种违法会计行为，《会计法》应当设置相应的法律责任，并依法进行惩处，以遏制和打击不法会计行为。由于不同会计违法行为的动机、危害或后果等存在一定差异，因此，构建科学的会计法律责任体系十分重要。保护合法的会计行为、惩处违法的会计行为，打击会计信息失真现象，也是会计工作立法的初衷（孙铮和崔婕，2001）。

（4）会计行为的约束机制是会计信息质量的一种保障机制，从理论上看，它包括单位内部的会计行为约束机制和外部对单位会计行为的约束机制。就作为独立市场主体的企业而言，内部会计行为约束机制是企业基于自身整体利益最大化而建立的针对其会计行为的约束制度与机制，包括会计内部牵制制度、会计稽核制度、内部审计制度以及内部控制制度等。内部会计行为约束机制的主要特点是，其源于企业自身的内在需求（包括风险自我管控、规范管理行为、提高整体效率等），具有典型的“自律”特征。而外部会计行为约束机制是企业外部的利益相关者（包括政府、投资者与债权人、社会公众等）对企业会计行为实施（或委托实施）的一种监督或监管（如政府实施的会计监管、股东委托注册会计师实施的审计等），其根源在于企业的会计行为具有“经济后果”，其理论依据是委托代理理论和信息不对称理论等。对于企业主体而言，外部会计监督（或监管）具有典型的“他律”特征。在我国《会计法》修订中，需要在理论上厘清内部会计行为约束机制与外部会计行为约束机制的区别与联系。

四、从会计行为的发展逻辑来界定会计工作的内容，明确其对《会计法》修订的影响

20 世纪 80 年代初期开始的我国会计学者就“会计本质”问题所进行的一场“轰轰烈烈”的学术性论争，持续了将近 20 年。尽管这场论争并未就“什么是会计”形成最终的结论（或观点），但至少在以下方面达成了“初步共识”：一是单位会计系统对外部提供信息具有科学性（有一套较为完整的财务会计理论体系作为支撑），二是会计信息的利用拓展了会计的功能（会计在微观层面甚至宏观层面客观上已经显现出了控制或管理的作用）。但是，对会计“控制”功能的认识和界定却一直是会计理论研究与会计实践发展中的“短板”。本文认为，基于会计学科的本质特征，从会计信息生成与提供到会计信息利用之演化的实践线索来认识会计工作，也许会有新的启示。

1. 由“信息提供”到“信息利用”是会计行为发展的一种历史逻辑。

将会计置于社会经济发展的现实环境并结合会计发展的历史逻辑去

考察，可以较为科学地厘清现代会计的边界。从会计学科发展的历史过程来看，会计最初是与数学、统计等计数问题共生、共同发展的，因而会计至今与数学、统计等学科仍有不解之缘。当社会发展到有足够的“剩余产品”时，以理财为目的的记账、算账等会计活动才开始逐步独立出来，成为一项专门的工作。之后，伴随着社会经济的发展，呈蔓延之势、持续的贸易活动使得理财成为记账、算账之外的一种同样具有专业性的专门工作，并逐步独立于记账、算账。实质上，理财活动是对记账、算账所提供数据（主要是价值信息）的利用，而这种“信息利用”工作的特征主要是针对一个个体（单位）的价值或理财活动进行管理（即“财务管理”）。显然，这种价值管理行为具有控制的功能（但仅仅是对价值活动的控制）。会计价值信息从“提供”到“利用”具有内在的发展逻辑，因此，价值管理（或理财活动）成为会计工作的重要内容是一种必然结果。从特定单位的整体管理活动来看，价值管理活动仅仅属于单位管理活动内容的一部分，而且，价值管理行为具有自身的特点和明确的边界。单位理财活动对会计信息的利用，客观上仅囿于价值管理范畴，因而在一定意义上这种会计信息利用也只是“直接的”或者“初步的”。

无论是传统理财还是现代理财，都是利用会计信息进行相应的“价值管理”，价值管理必须重视会计信息的利用（张先治，2008），因此，财务管理就是利用会计系统提供的财务信息来控制单位财务资源的配置过程和结果①。单位财务管理活动的内容无非融资、投资、分配以及资本运作等，这些活动的基本特征是，与单位外部的市场环境“充分”地融为一体。换言之，财务活动必须借助于金融市场及资本市场来实现财务资源配置最优的目的，因此，单位（特别是企业）财务活动必须充分考虑利率、风险、报酬、（资金）成本、股价等因素。由于单位的财务行为均涉及外部相关的市场参与者（如股东或投资人、银

① 会计信息是价值管理决策支持的主要信息，但不是唯一的信息。

行或信贷者等），因而财务行为必须遵循相关的“市场规则”，即相关的经济法律等，如与银行发生交易关系时必须遵循《商业银行法》等，发行股票、债券等必须符合《证券法》，涉税事项必须遵循各税种单行法律法规及《税收征收管理法》，公司制企业的一切经济活动（包括资本金设立、股利政策制定等）必须符合《公司法》的要求，国有企业的一切经济活动必须符合《企业国有资产法》的要求，等等。从这个意义上讲，对单位财务行为的规范已经具备了较为完善的法律制度，因而不需要针对单位财务行为再制定单独的法律。

2. 会计信息由“初步利用”演变为“深度利用”，体现了会计工作的价值管理（财务管理）发展为价值管理与非价值管理融合（管理会计）的逻辑递进。

就特定单位而言，现代管理行为的特点是“基于分工的高度协同”，这是实现组织目标的基本要求。财务管理的核心是价值管理，而价值管理活动如何与组织的“业务活动”有机结合（即“业财融合”），实质性地处理好马克思所讲的“价值运动与物资运动的关系”，对财务管理本身而言其已经有些“束手无策”，因而必须寻求新的理论与方法的突破。巧合的是，管理会计已经建立了一套能够逐步实现“业财融合”的理论与方法体系。

现代管理会计具有信息支持系统和管理控制系统的功能（王斌和顾惠忠，2014），其主要包括成本控制会计和管理控制系统两大内容。其中，成本控制会计主要是在“合理收益”目标前提下，通过成本会计方法来控制单位内部资源（包括财务资源和非财务资源）的消耗，其实质是一种单位内部的资源配置行为；而管理控制系统则是通过预测、决策、规划（或预算）、控制、评价等一系列科学的方法来控制单位的各种管理活动，其目的是如何提高单位内部现有资源的配置效率。因此，管理会计的核心（或落脚点）是对单位内部的经济资源进行优化配置。从管理会计实践来看，管理会计自诞生开始就致力于将价值管理行为“渗透”至非价值管理领域（单位管理活动的各个方面），突破了会计工作的“价值管理”这个瓶颈，真正实现了“业财融合”[①]。比如，管理会计实践中的预算管理已经由财务预算发展为全面预算，绩效评价的平衡计分卡中财务维度仅仅是四个维度之一，责任会计中责任中心（责任单元）的建立涉及单位内部组织管理机构的重构，实质上就是“组织再造”的重要内容，等等。就本质特征而言，财务管理活动连通着单位内部与外部市场，起着“入海口”的作用，其重心是借助于市场（包括从市场取得所需资源和利用市场实现价值增值）来达成企业价值最大化目标；而管理会计活动重在单位内部各种资源的配置过程与结果，其重心是深度利用会计价值信息促成价值管理与业务管理（非价值管理）活动的有机融合，其目的是提高单位管理行为的效率，进而实质性地优化单位内部资源配置，从而实现企业价值最大化目标。就关系而言，财务管理与管理会计的直接目标、管理重心、工作范围等均成“互补”关系，而最终目标高度一致，实为“相得益彰”[②]。

就管理会计活动的行为特征来看，管理会计行为侧重于单位内部经济资源的优化配置过程及结果，不涉及其他经济个体的利益，具有“私行为”的特点，因而一般可以不采取法律的形式加以规范。但鉴于我国国有企业、行政事业单位和上市公司在数量、规模等方面的特殊性，以及它们在我国国民经济发展中的特殊地位，政府从引导经济组织强化管理、提高效率的角度，特别是为了体现国家在宏观管理方面的“意志”，也可以通过法律形式对其提出要求（类似的如我国的《循环经济促进法》等）。我国现行《会计法》尚未涉及对单位管理会计行为的规范，因此，有必要在《会计法》修订中填补这一空白，也为我国在国有企业、行政事业单位等推行管理会计体系建设提供充分的法律依据。

3. 无论是会计信息的“提供”还是“利用”，内部控制具有作为会计工作以及单位整个管理控制工作的制度基础的根本性特征。

---

① 如何实现“全覆盖”式的业财融合是现代管理会计实践面临的一大问题。

② 将会计工作置于整个组织的管理行为过程去考察，可以更好地理解会计的控制职能。

会计学与审计学领域已经有大量的研究成果表明，内部控制制度是保证企业会计信息质量的“制度基础”。因此，会计信息的生成与提供（披露）离不开内部控制这一制度基础。会计信息的“初步利用”与“深度利用”已经内化为单位的专业化价值管理行为和价值管理与业务管理有机融合的综合性管理行为，单位主体自身的这些会计管理行为同样必须以内部控制制度作为其有序进行的制度基础。

单位如果建立并有效实施了内部控制，其会计信息的生成与结果就具有了“制度保证”，因而高质量的会计信息才具有产生的“土壤”①。正因为内部控制是保证会计信息质量的“制度基础”，所以注册会计师在对财务报告进行鉴证时都特别关注客户内部控制制度及其有效性。由于会计信息质量是会计工作立法所关注的首要问题，因而《会计法》应该对单位内部控制的建立和实施提出明确要求。就我国现行《会计法》的内容来看，增加对单位内部控制的基本要求也是修法时应该填补的空白之一。

需要说明的是，内部控制不仅是单位会计信息质量以及其他会计工作有序进行的“制度保证”，也是单位其他管理工作（如战略制定与实施、人力资源管理、采购与销售、研究与开发、项目管理、合同管理、业务外包、信息系统控制以及文化建设等）有序开展的“制度保证”。大量的管理实践也证明了内部控制制度已经成为作为市场独立主体的企业的管理控制体系的重要内容。随着市场经济制度以及市场经济的不断发展和完善，企业作为独立的市场主体，其自身需要建立一整套“自律性”的防范风险、提高竞争力和可持续发展能力的制度体系，而内部控制制度正是其核心内容。就实质而言，内部控制是市场环境中企业主体为了防范管理风险、规范管理行为、提升管理效率而自发形成的一

① 会计信息是对经济活动内容的客观反映，而有效的内部控制则从源头上确保了经济活动的合法性、合理性和有效性，因此，从这种意义上讲，在有效内控制度的基础上会计信息披露就只剩下“技术层面”的问题了。

种自律性控制机制[①]。

五、从历史发展的角度理解“会计监督”变迁的基本规律，为《会计法》修订提供充分依据

会计监督是我国会计界公认的会计基本“职能”之一。对于会计监督的理论论争，也一直是我国会计学术研究的一大热门话题。其实，如果从社会经济环境以及会计行为的变迁视角来进行分析解读，或许会得到一些更加符合现实情况的认识和理解。会计监督原本的含意是指利用会计工作的“天然优势”对单位经济活动的合法性（或合规性）进行监督检查[②]。这种对会计监督的理论认识以及对会计工作职能的定位，源于中华人民共和国成立时我国高度集权、高度统一的计划经济管理体制。在当时的计划经济环境下，企业的生产经营活动完全受制于政府的计划管理（或安排），企业的经营行为必须服从于政府行政管理的需要，企业的经济活动仅仅是政府经济管理活动的“分支”或“延伸”，企业不是“产权清晰、自主经营、自负盈亏”的独立的市场主体。然而，由于以货币为主要计量单位的会计系统能够提供综合性的经济活动信息，会计工作本身“获取信息便利”的优势使之成为集权经济体制下政府直接控制微观单位经济活动的重要方式。这样，通过会计工作来监督单位的经济业务活动是否合法合规，便成为会计工作的主要内容之一，即会计“具有”了监督职能。从历史的角度看，企业内部的会计监督职能为政府控制企业的经济活动、保证计划经济管理目标的实现发挥了积极作用。

由计划经济管理体制逐步转型为有中国特色社会主义市场经济体

① 内部控制对于行政事业单位等政府及非营利组织同样十分重要。

② 会计核算则利用价值形式对单位的经济活动进行计算、汇总，正好与会计监督“相辅相成”地构成会计工作的两大基本职能。会计的综合性价值核算功能也使得会计工作可以深入涉及大多数单位经济活动的方方面面，因为这种“天然优势”，会计“被”赋予了对经济活动进行监督的职能。

制，是我国四十年改革开放、深化经济体制改革的主线之一。就企业而言，这种转型的关键特征是在企业产权制度改革的基础上，让企业真正成为一个独立的决策主体、经营主体、责任主体，即市场主体，包括国有企业。就现实而言，随着我国市场经济制度的逐步完善，企业（包括国有企业）已经逐步（或应该）成为真正独立的市场主体。在这种情况下，我们需要反思企业与外部市场、利益相关者以及政府监管部门的关系，更需要深度解析作为一个独立市场主体的企业其内部管理行为的“逻辑结构”。我们认为，作为一个有明确经济利益诉求（目标）的市场主体，企业内部的“相互监督”职能将逐步被整个企业主体的“自律性约束机制”（如内部控制制度）所替代，其根本原因就是个体内部不同部门之间的利益冲突已经“同化”为单位整体利益（或价值）最大化目标。作为一个独立的市场主体，其内部不同部门的“利益捆绑”替代了“利益冲突”，管理行为的“协调一致”替代了“各自为政”。

因此，单位内部不同部门之间是一种利益依存、要么“双赢”要么“两败俱伤”的关系。失去了利益冲突基础，内部的相互“监督”制度就失去了存在的依据[①]。从宏观层面来看，既然企业是一个独立的市场主体，政府就不应该过多干预市场主体的“内部事务”，而应该聚焦于企业整体行为的外部监管，真正做到、做好“放、管、服”。因此，本文认为，从理论上看，计划经济环境中的内部会计监督职能必然会逐步蜕变为市场经济环境中市场主体内部“主体利益导向”的自律性会计行为约束机制，而且这种自律性会计行为约束机制将会成为企业自律性控制机制（如内部控制制度）的重要内容。而基于会计行为的特殊性，外部对企业主体会计行为的监督（或监管）将更加全面、更加刚性化。在市场经济环境中，对企业等市场主体会计行为的外部约束机制（即外部会计监督），主要包括政府会计监管、法律授权的社会中

① 从监督理论来看，独立市场主体的内部会计监督不具备“权力性”、“外在性”、“强制性”等监督要素。

介的会计监督以及其他监督。尽管外部监督的方式各有不同，但对会计行为监督的目的是相同的，即单位主体的会计行为是否合法合规。

基于以上分析，我们认为：

（1）会计监督是对会计行为进行约束的必要机制，因此，《会计法》修订需要进一步完善会计监督的内容与要求。

（2）从理论上看，传统的内部会计监督机制转化为单位自身自律性控制机制的重要内容是一种必然趋势，因此，政府在法律层面主要是督促单位建立和完善其自律性控制机制（如内部控制制度）。然而，从现实来看，由于我国社会经济还处在转型过程中，市场经济机制尚不完善，单位建立起科学的自律性控制机制还需要一个较长的过程，因此，政府对于单位内部会计约束机制还不能“撒手不管”。国家审计署 2017 年 6 月披露的对 20 家央企财务情况的审计结果[①]，就已经说明这些央企内部财务和资产管理混乱与其内部会计约束机制以及内部业务监督机制缺失或失效有直接关系。因此，此次《会计法》修订需要对单位现有的内部会计监督机制予以充实、完善，特别是要注意确立单位自律性控制机制（如内部控制制度）的法律地位。

（3）外部会计监督（管）机制是《会计法》修订需要特别关注的问题。我国单位内部控制机制的建立与实施还处在“初创期”，现有的内部会计监督机制的约束力仍然有限，因此，需要加大外部监管力度。此次《会计法》修订应当注意进一步明确政府会计监管的地位与边界，强化注册会计师监督的有效性，明确新闻媒体等其他监督融入会计监督（管）体系的基本路径与具体方式。

六、科学构建“会计法律责任体系”，丰富会计法律责任内容，合理设置处罚标准，不断提升《会计法》的科学性

法律责任的界定与处罚标准的设置，是一部法律能否发挥规范引导

① 见国家审计署 2017 年 6 月发布的一系列“审计结果公告”内容。

作用的关键。我国现行《会计法》所规定的法律责任内容单一，处罚标准与现实经济环境严重背离，处罚力度不足导致法律应有的威慑力不够等，是《会计法》“法律责任”部分存在的主要缺陷。

在法理上，法律责任的基本类型包括民事法律责任[①]、行政法律责任、刑事法律责任和违宪责任。其中，民事法律责任是因侵权、违约等而依法承担的法律后果，主要表现为“补偿性的财产责任”（如“赔偿损失”“支付违约金”等）；行政法律责任是因违反行政法律或因行政法规定的事由而应当承担的法定的法律后果，包括行政处分（如“撤职”“开除”等）和行政处罚（如“罚款”“没收违法所得”“吊销营业执照”等）；刑事法律责任是因违反刑事法律而应当承担的法定的法律后果，包括主刑和附加刑（如“有期徒刑”“没收财产”等）。

我国现行《会计法》认定的法律责任只涉及行政法律责任和刑事法律责任，没有涉及民事法律责任[②]，而且，会计行政法律责任的认定也需要进一步完善。我们认为，引入民事法律责任、完善行政法律责任是此次《会计法》“法律责任”部分修订的重点。在市场经济特别是资本市场环境中，会计信息能够对资源配置形成相应的“引导”作用，会计行为具有显著的“经济后果”。会计违法行为往往会损害其他相关人的经济利益，因此，重视民事救助，引入民事法律责任，成为完善会计法律责任体系最具突破性的一步。构建会计民事法律责任的重要意义在于：一是构建会计民事法律责任，使《会计法》能够在会计法律责任体系框架下实现其基础性和兜底性的功能，体现“立法精细化和科学化”的要求；二是现行《会计法》仍带有明显的计划经济痕迹，即重行政及刑事制裁而轻民事救济，构建会计民事责任则体现了市场经济发展的内在要求。

同时，多数会计违法行为往往与谋求不当利益有关，如通过“虚

① 在法律规定的某些条件下，国家也是民事责任的主体。国家机关承担的民事赔偿责任，也称为“国家赔偿责任”，在法律上有时也作为一种单独的法律责任类型。

② 会计违法行为一般不会涉及违宪责任，故可以不考虑违宪责任的设置问题。

增利润”获得高管薪酬激励或股权分红，通过推迟确认收入或多计费用来规避所得税等。对于这些违法所得，理应予以没收。因此，通过增加“没收违法所得”等行政处罚，来进一步充实会计违法行为的行政法律责任的内容。笔者认为：

（1）我国会计法律责任体系在内容上应该包括会计民事法律责任、会计行政法律责任、会计刑事法律责任等法律责任类型；在结构上，会计民事法律责任着重于民事救助特别是市场经济环境下的经济救助，同时也丰富了对会计违法行为的行政处罚内容，而会计刑事法律责任主要惩罚“情节严重、构成犯罪”的会计违法行为。

（2）现行《会计法》在会计行政法律责任的设置上主要是处罚力度偏轻，惩处力度不足以威慑会计违法行为。解决问题的思路有二：一是考虑现实经济发展水平和物价水平，适当提高定额经济处罚的额度；二是针对存在违法所得的会计违法行为，要明确“没收违法所得”，并可以按违法所得的一定倍数加以并处。

（3）会计法律责任设置的科学性问题也是《会计法》修订需要关注的问题。其一，法律责任应该与会计违法行为的动机、危害或后果等相匹配，才能体现法律的“公平”精神，而现行《会计法》对会计违法行为的分类过于简单，且行为、动机、危害与法律责任、处罚力度之间关联度与匹配度不高；其二，现行《会计法》缺乏减责或免责条款，与其他违法行为一样，会计违法行为产生的原因多种多样，相关人员在违法行为发生的过程中所起的作用也存在差异，因此，《会计法》需要设置减责及免责条款，以彰显法律的合理性；其三，经济实践中的代理记账或会计业务外包正在蓬勃发展，这催生出了会计行为的“代理”问题，如何界定这种“代理人”的法律责任，也是《会计法》修订需要考虑的重要问题。

七、结论

法律修订是一个艰难的过程，《会计法》修订也不例外。此次《会计法》修订既要体现“依法治国”的基本理念与内在要求，彰显我国社会经济环境深刻变革对会计工作的客观需要，又要在遵循会计科学与会计工作内在规律的基础上较好地解决会计行业实际存在和将要面临的重大问题。基于“理论与实际相结合”的分析思路，本文对《会计法》修订面临的几个重要问题的理论依据进行了梳理、论述，同时结合我国社会经济发展的现实情况与要求就此次《会计法》修订如何取舍提出了具体建议。本文认为，此次《会计法》修订工作应着力解决以下问题：通过此次修法为我国会计工作以及会计行业的未来发展提供充分的法律保障；着重构建科学的会计行为约束机制（包括源自单位自身自律性动机的内部保障机制和源自市场环境他律性的外部约束机制）；从法理学视角并结合会计行为的根本性特征进一步提升会计法律对社会发展的回应性。

（本文原载于《会计研究》2018 年第 8 期，作者为唐国平、吴德军、黎江虹、王华、邵敏、万文翔、李静）

主要参考文献：

陈世伟，2008. “刑法中的行为”研究新视野［J］. 当代法学，2：23～31.

郭道扬，2004. 会计史研究（第一卷）［M］. 北京：中国财政经济出版社，547.

孙铮，崔婕，2001. 会计人员的劳动保护机制——对新《会计法》下如何救济会计人员弱势地位的思考［J］. 会计研究，5：8～51.

王斌，顾惠忠，2014. 内嵌于组织管理活动的管理会计：边界、信息特征及研究未来［J］. 会计研究，1：13～20.

王昌锐，贺欣，邵敏，等，2017. 我国《会计法》实施现状及其修订思考——基于问卷的调查分析［J］. 会计研究，9：3～11.

王竹泉，毕茜茜，2008. 改革开放 30 年会计监督的发展与创新.

会计研究，7：16～24.

吴联生，2001. 企业会计信息违法性失真的责任合约安排. 经济研究，2：77～85.

张文显，2011. 法理学（第四版）. 北京：高等教育出版社，86、103.

张先治，2008. 基于价值的管理与公司理财创新. 会计研究，8：32～39.

Zeff，S A，1978. The Rise of 'Economic Consequences' Stanford Lectures in Accounting [J]. Stanford，CA：Graduate School of Business，Stanford University，11～19.

第八章 我国《会计法》实施现状及其修订思考

——基于问卷的调查分析

【摘要】 我国现行《会计法》自2000年7月1日实施以来，在规范会计行为、提高会计信息质量、维护市场经济秩序、推进法治社会建设等方面发挥了重要作用。然而，随着我国社会经济环境的变化，会计工作出现了一些新情况、新问题，现行《会计法》的部分内容已不能适应新形势下的现实需求。为全面了解我国现行《会计法》在实施过程中面临的问题和利益相关者对本法修订的愿景，为我国《会计法》的修订指明方向和提供路径，我们通过问卷调查获取了大量的意见和建议。在此基础上，本文从框架体系到具体内容等诸多方面提出了关于我国现行《会计法》修订的基本思路。

【关键词】《会计法》修订；问卷调查

一、引言

我国《会计法》于1985年颁布、实施，经过1993年修正和1999年修订，在规范会计行为、提高会计信息质量、维护市场经济秩序、推进法治社会建设等方面发挥了重要作用。但随着社会经济发展和技术进步，会计工作出现了一些新情况和新问题，现行《会计法》的部分内容已不能适应新形势的发展需求。2015年，国务院立法工作计划将《会计法》修订列入了立法研究项目。财政部于2016年正式启动《会计法》修订的研究工作，并将《会计法》修订作为财政部2017年的工作重点，2017年8月还正式成立了"《会计法》修订工作领导小组"，进一步加大了《会计法》修订工作的力度。为全面了解我国现行《会计法》在实施过程中面临的新问题、存在的不足，以及广大会计人员与利益相关者对《会计法》修订的愿景，我们采用网络问卷调查的方法，获取了大量关于《会计法》修订的意见和建议，以期为我国《会计法》的修订提供坚实的基础和充分的依据。

二、调查问卷的设计、发放与回收

（一）调查问卷的设计

为了解我国现行《会计法》实施中存在的具体问题以及修订的方向，我们采用问卷调查的方式获取第一手的基础信息。进行问卷调查的第一步是必须设计出一份逻辑清晰、内容完整、重点突出、被访者乐意合作的高质量问卷。

首先，我们根据"《会计法》修订相关问题研究"的文献综述，设计出一份调查问卷初稿；其次，分别邀请会计实务界和会计理论界的专家举行了两场专题座谈会，并根据专家们提出的意见和建议对调查问卷初稿进行修改；最后，根据财政部会计司等部门的意见对调查问卷进行调整和完善，形成最终的调查问卷。在正式发放问卷前，我们采用重复检验法对问卷的信度进行了分析，结果显示我们设计的问卷具有很高的可靠性；同时，我们对问卷的效度也进行了分析，结果表明我们设计的问卷是非常有效的。

此次调查问卷的内容包括被调查者的基本信息、会计法律法规对被调查者的影响程度、被调查者对《会计法》内容的熟悉程度、被调查者对《会计法》的基本观点四个部分，共计106道封闭式选择题，备选项主要采用三分制和四分制的利克特量表。

（二）调查问卷的发放与回收

2016 年 4 月 21 日，财政部办公厅以财办会〔2016〕16 号发布了“关于开展《会计法》问卷调查活动的通知”，并通过网络问卷方式在全国范围内展开问卷调查。本次网上问卷调查自 2016 年 5 月 5 日开始，至 6 月 25 日结束。

由于本次问卷调查是通过财政部发起，且完成问卷调查可折算为会计人员 2016 年度继续教育 12 学分，因此，吸引了相当多的会计人员参与本次问卷调查，且回收的电子问卷全部有效，共计 906132 份。

对被调查者基本信息的统计结果显示，参与问卷调查的被调查者主要是 25 岁至 45 岁的中青年人员，占比达到 65. 95%；87. 02% 的被调查者具有专科和本科学历，具有硕士以上学位的人员相对较少，仅占 2. 9%；具有会计师及以上职称的被调查者较少，仅占 13. 29%；基层岗位会计人员占比达 62. 57%；会计机构负责人和主管会计工作的负责人分别占 5. 23% 和 7. 23%，单位负责人占 2. 25%；日常工作岗位为出纳和记账或报表编制人员的被调查者占比非常高，合计占比达 61. 16%；从各省市参加人数来看，浙江省参与问卷调查的人数为 240320 人，位居全国第一；山东省 83187 人，位居第二。

三、调查问卷统计结果分析

（一）《会计法》对被调查者日常会计工作的影响程度

为了解《会计法》对被调查者日常会计工作的影响程度，问卷设置了“非常重要”“重要”“一般”和“不重要”四个层级的影响程度选项。统计结果显示，认为《会计法》对其日常工作非常重要和重要的被调查者分别占到了 60. 54% 和 31. 23%，二者合计占比高达 91. 77%。由此可见，《会计法》对被调查者日常会计工作的影响力还是比较大的。但是，将《会计法》与其他十项会计法规制度放在一起进行重要性程度排名时，被调查者认为对其会计日常工作影响最大的是《会计基础工作规范》，其次是《企业会计准则》或《企业会计制度》，《会计法》仅位列第三。《会计法》作为各会计法规的统领性法规，其对会计日常工作的影响程度却低于具体法规，这说明《会计法》的重要性地位并未凸显出来。

（二）被调查者对《会计法》核心内容的熟悉程度

我国现行《会计法》共有七章五十二条，为了解被调查者对我国现行《会计法》各部分内容的熟悉程度，从八个方面对被调查者进行了问卷调查，每个方面均设置了“非常熟悉”“熟悉”“一般”和“不熟悉”四个层级的选项。统计结果显示，被调查者对现行《会计法》整体内容非常熟悉和熟悉的人数分别占15.03%和50.24%，两者合计占比为65.27%。对于《会计法》的具体内容，被调查者对会计机构和会计人员部分的内容最为熟悉，之后依次为会计核算、法律责任、会计监督。非常熟悉和熟悉的合计占比均超过了70%，但对于总则非常熟悉和熟悉的人数却只有65.29%，低于70%。值得注意的是，被调查者对我国现行《会计法》各项内容非常熟悉的占比基本都在20%以下，这充分反映我国现行《会计法》在会计人员的日常意识或行为中没有得到足够的重视。

（三）被调查者对《会计法》规范内容的基本观点

为了解被调查者对我国现行《会计法》修订的基本意见，问卷从总则、会计核算、会计监督、会计机构和会计人员、法律责任五个方面进行了调查。

1. 被调查者对《会计法》“总则”的基本观点

《会计法》的总则是该法的“绪论”，是对该法立法目的、适用范围、基本内容以及重大会计问题的原则性要求等内容的纲领性、概括性表述。调查问卷统计结果表明，分别有 51.86% 和 37.94% 的被调查者认为现行《会计法》对规范会计行为、提高会计信息质量的作用“非常大”和“大”；分别有 98.81%、98.64% 和 97.91% 的被调查者认为《会计法》应规范会计主体会计资料的“真实性”“完整性”和“相关性”；分别有 97.39%、94.55% 和 96.88% 的被调查者认为《会计法》应当规定“国家实行统一的会计准则或制度”“内部控制规范”和“会计信息化标准”。我国现行《会计法》对本法的适用范围并未涉及驻我国的国际组织，调查问卷对这一问题的统计结果显示，60.14% 的被调查者认为《会计法》应当允许驻我国的国际组织自由选择执行会计政策；50.19% 的被调查者认为《会计法》不应当豁免驻我国的国际组织执行《会计法》。总体来看，对这两个问题存在的意见分歧比较大，后期在《会计法》的修订研究中需要进一步关注。

2. 被调查者对《会计法》“会计核算”的基本观点

我国现行《会计法》的第二章和第三章均为会计核算的相关条款，共计十八条，涉及的内容非常多，且具体而详细。然而，《会计法》作为会计规范体系中层次最高的法律规范，是否有必要对会计核算进行如此详细的规范，则一直存在争议。从问卷调查的统计结果来看，48.62% 的被调查者认为《会计法》应当对会计核算进行原则性规范，而 49.76% 的被调查者认为应当进行具体化规范；45.65% 的被调查者认为《会计法》应当对具体会计规范的制定程序进行原则性规范，而 52.43% 的被调查者认为应当进行具体化规范；44.12% 的被调查者认为《会计法》应当对公司、企业会计核算的特别规定进行原则性规范，而 53.74% 的被调查者认为应当进行具体化规范；45.95% 的被调查者认为《会计法》应当对非企业（如各级政府、国家机关、事业单位、社会团体和其他非营利组织以及社保基金等）会计核算的特别规定进行原则性规范，而 51.89% 的被调查者认为应当进行具体化规范；44.69% 的被调查者认为《会计法》应当对会计信息列报与披露的特别规定进行原则性规范，而 53.24% 的被调查者认为应当进行具体化规范；

47.66%的被调查者认为《会计法》应当对会计信息化进行原则性规范，而50%的被调查者认为应当进行具体化规范；50.28%的被调查者认为《会计法》应当对财务共享进行原则性规范，而45.49%的被调查者认为应当进行具体化规范；49.64%的被调查者认为《会计法》应当对管理会计进行原则性规范，而47.99%的被调查者认为应当进行具体化规范；47.96%的被调查者认为《会计法》应当对境外经营的会计核算与管理进行原则性规范，而48.98%的被调查者认为应当进行具体化规范。由此可见，几乎所有的被调查者认为《会计法》需要对会计核算与管理的相关内容进行规范，但在究竟是采用原则性规范还是具体化规范上存在不同的观点；对于现行《会计法》已经规范的内容，多数人认为规范应当具体化；而对于现行《会计法》未涉及的内容，多数人认为应进行原则性规范即可。这意味着被调查者均认为会计核算与管理各方面内容的规范应进一步完善、深入，但具体的观点（如何完善或深化）与我国会计法规体系结构的优化存在一定的冲突，这需要在后续《会计法》修订过程中进行一定的取舍。

关于会计年度，陈辉（2017）认为应当修改将公历制会计年度作为我国会计年度的强制性规定，但本次问卷调查中，有96.54%的被调查者还是认为，《会计法》应当对会计年度进行统一规范。这也说明我国绝大多数会计工作者已经适应了“统一”会计年度的做法，同时也考虑到了会计年度与我国预算年度、统计年度等的一致性要求。

关于记账本位币是否需要放弃法律规定，也一直存在争议。在本次调查中，95.70%的被调查者依旧认为，《会计法》应当对会计记账货币进行统一规范。

我国现行《会计法》对财务会计报表体系构成的规定主要是基于企业、公司的财务会计报告的组成内容，是否有必要区分企业和非企业分别规范财务会计报告的构成体系，根据问卷调查的统计结果看，91.45%的被调查者认为《会计法》应当区分企业和非企业单位，分别来规范其财务会计报告的编制与报送。

对于会计信息质量的责任认定，现行《会计法》第四条明确规定“单位负责人对本单位的会计工作和会计资料的真实性、完整性负责”。在实际工作中，主要体现为财务会计报告由谁签章，由谁对财务会计报告的真实、完整承担责任。从统计结果看，分别有28.38%、25.03%、23.39%和21.80%的被调查者认为财务会计报告的签章人应当是“单位负责人”“总会计师或主管会计工作的负责人”“主管会计或会计机构负责人”和“财务会计报告编制人”。另外，73.15%的被调查者认为，财务会计报告经单位主管会计工作负责人或总会计师签章后，单位负责人还需再签章。在会计信息化规范方面，75.14%的人认为会计部门应该是单位会计信息化工作的牵头部门；54.72%的人认为单位负责人应该是单位会计信息化工作的第一责任人；65.59%的被调查者认为会计信息存储的服务器应当存放在中华人民共和国境内；98.25%的人认为《会计法》应当对单位电子会计资料的安全性作出明确的保护性规定；80.25%的人认为《会计法》应当明确可以复制（或提取）单位电子会计资料的机构或部门。可见，被调查者对会计信息化的具体规范存在着非常迫切和具体的需求。

在会计档案的规范方面，尽管《会计档案管理办法》中有具体规定，但仍然有98.30%的人认为《会计法》应当对会计档案管理进行规范；60.11%的人认为，我国驻外机构以及驻我国国际组织的会计档案应当存放于中华人民共和国境内。

3. 被调查者对《会计法》“会计监督”的基本观点

在会计监督规范方面，超过97%的被调查者认为应多视角、全方位建立会计监督规范体系。然而，对究竟是建立“原则导向”还是“规则导向”的会计监督规范体系，却存在较大的争论。无论是会计控制、内部控制、内部审计，还是内部会计监督、外部会计监督，持两种观点的支持者人数差别并不大，均为50%左右。

如何才能发挥内部控制的作用，63.46%的被调查者认为应当建立单位负责人为内部控制第一责任人的制度，且分别有49.25%和

30.19%的被调查者认为会计部门和内审部门应该是单位内部控制建立和实施的牵头单位。

关于外部会计监督，我国现行《会计法》赋予注册会计师及会计师事务所对单位会计信息进行审计的权利和责任，还授权财政部门对会计师事务所出具审计报告的程序和内容进行监督，并规定财政部门是单位会计工作的监管部门，明确了其在会计监督中的职责和权限。同时，《会计法》对财政、审计、税务、人民银行、证券监管、保险监管等部门依法对有关单位的会计资料及其经济活动实施的监督检查工作提出了要求。在实际工作中，外部会计监督存在较大的诟病。根据调查结果，究竟应该将外部会计监督职责赋予哪个政府部门，存在较大的争议，其中同意赋予财政部门、税务部门和审计部门的占比相当，均为20%多一点。但为了保证被监督单位会计信息的安全，提高监督工作效率，95.60%的人一致认为《会计法》应当规范外部会计监督部门及其工作人员的行为。

4. 被调查者对《会计法》"会计机构和会计人员"的基本观点

无论理论研究还是工作实践中，对单位会计机构的设置和会计人员要求的规范都存在不小的争议。为了解被调查者对"会计机构和会计人员"的基本观点，调查问卷共设计了十八个问题。

在是否需要规范会计机构设置方面，97.35%的被调查者认为《会计法》应当对会计机构的设置进行规范，而至于是采用原则性规范还是具体化规范的方式，前者的人数略高于后者。另外，我国现行《会计法》第三十六条第二款明确规定"国有的和国有资产占控股地位或者主导地位的大、中型企业必须设置总会计师。总会计师的任职资格、任免程序、职责权限由国务院规定"。有91.75%的被调查者认为，《会计法》应当对设置总会计师作出明确要求。

我国现行《会计法》第三十六条明确规定"从事会计工作的人员，必须取得会计从业资格证书"。随着我国行政审批制度改革的不断深入，会计从业资格行政审批管理被推至"风口浪尖"。在本次调查中，有97.85%的被调查者认为《会计法》应当对会计从业资格认定进行规范，说明绝大多数被调查者还是认为应该强化对会计人员的管理工作。但在贯彻落实国务院推进“放管服”改革工作部署的大背景下，根据国务院常务会议精神和《国务院关于取消一批职业资格许可和认定事项的决定》（国发〔2016〕68号），会计从业资格已被列为建议取消的职业资格事项，并已启动相关修法程序。因此，此次《会计法》的修订需要着重考虑会计从业资格行政审批制度取消后，现有庞大的会计人员队伍如何有效管理。

现行《会计法》第三十六条还规定，“担任单位会计机构负责人（会计主管人员）的，除取得会计从业资格证书外，还应当具备会计师以上专业技术职务资格或者从事会计工作三年以上经历”。然而，在实务工作中，尤其是在政府机关、事业单位，相当部分行政事业单位会计机构负责人在“轮岗制”要求下难以符合这一条款的规定。本次调查中，96.7%的被调查者认为《会计法》应当对行政事业单位会计机构负责人任职条件进行规范。

近几年来，代理记账以及会计服务外包、财务共享等作为新型社会性会计服务业务，随着中小微企业的大量涌现以及信息技术的日新月异而快速发展，大有“星火燎原”之势。但代理记账业务及其管理（如代理记账业务的边界）、会计服务外包的主体资格认定等都仍存在诸多问题。比如，在本次调查中，95.8%的被调查者认为《会计法》应该对会计服务外包进行规范，但究竟是进行原则性规范还是具体化规范则有大致相当的人数各执一词，可见，对会计服务外包如何进行规范还存在较大的争议。

《会计法》在保护会计人员的权益方面如何发挥更加高效的作用，是会计实务界非常关注的问题。本次调查中，92.22%的被调查者认为《会计法》应当对会计人员奖励进行规范，96.92%的被调查者认为《会计法》应当就建立会计人员权益保护制度进行规范。因此，建立会计人员权益保护制度、对表现突出的会计人员进行激励与表彰是绝大多数会计工作者的共识。

国内外一系列重大会计造假事件，对资本市场投资者的决策与根本利益以及整个社会经济资源的合理配置产生了巨大的不利影响。因此，如何提高会计人员的职业道德水准，建立健全会计诚信体系，引起了社会公众高度关注。本次调查中，97.39%的被调查者认为《会计法》应当对会计人员诚信管理进行规范，但主张原则性规范与具体化规范的人数约各占一半。本着“法德相济”的原则，此次《会计法》修订也应该对会计职业道德与会计诚信建设予以考虑。

通过会计从业资格对会计人员开展行政审批管理的现行行政管理体制被打破后，建立会计行业社会组织，通过自律性会计行业社会组织开展行业自律性管理，应该是未来开展会计人员管理的主要趋势。会计行业社会组织本来就是“双刃剑”，一方面要维护行业的利益，另一方面要约束和规范会员的执业行为。我国是具有中国特色的社会主义市场经济，会计行业社会组织应该具有哪些基本职责权限，《会计法》应当如何规范会计行业组织的行为？本次调查中，有97.29%的被调查者认为《会计法》应当对会计行业组织进行规范。

5. 被调查者对《会计法》“法律责任”的基本观点

《会计法》的目的是规范各单位的会计行为，由于会计行为及其结果具有明显的“经济后果”，会导致经济利益分配关系的重新调整，因此，《会计法》实际上影响到国民经济管理过程中发生的各种经济管理关系，以及市场运行中的协调关系和社会经济组织内部的经济关系。《会计法》不仅要规范全国近2000万名会计人员及其相关人员的经济行为，还要引导相关市场主体的经济管理活动。

我国现行《会计法》第四条明确规定“单位负责人对本单位的会计工作和会计资料的真实性、完整性负责”。明确单位负责人是单位会计工作的第一责任人，是现行《会计法》的一大特点。但是，在实际工作中，单位负责人是否有能力承担这种责任？是否可以通过解决会计责任与权利匹配的问题来保证财务报表信息完整真实？会计信息来自经济业务，通过中间一系列的加工处理，最后以财务报表为信息载体对外提供。在会计信息生产和提供过程中涉及的人员有经济业务经办人员、会计记账人员、会计机构负责人、主管会计工作的负责人和单位负责人，这些人员应当按照各自权限分别对哪些会计资料的真实性、完整性负责？根据调查问卷的统计结果，与会计信息真实性、完整性密切相关的有关会计资料究竟应该由谁承担责任，被调查者给出的意见均存在较大分歧。不过，95.70%的被调查者认为单位负责人应当对本单位的会计行为承担最终责任。另外，针对政府机关、事业单位等，93.67%的被调查者认为《会计法》应当明确党委领导下的政府机关、事业单位和其他国有组织会计工作的第一责任人。

近些年来，基于证券发行、再融资、政治升迁、不当得利等动机而引发的会计造假事件层出不穷，已经严重影响到了债权人、投资者、社会公众及国家的利益，严重影响了社会资源的优化配置。会计违法行为的泛滥在折射出我国现行会计法律责任制度存在问题的同时，也使会计法律责任成为会计界与法律界以及社会公众共同关注的话题。从调查问卷的统计结果来看，97.76%的被调查者认为《会计法》应当对会计信息生成（记录与报告）环节的法律责任进行规范，97.52%的被调查者认为应当对会计内部监督的法律责任进行规范，97%的被调查者认为应当对会计外部监督的法律责任进行规范，95.18%的被调查者认为应当对会计服务外包的发包单位和会计外包服务机构的法律责任进行明确而具体的规定，97.17%的被调查者认为应当对会计违法行为的认定机制和具体程序作出明确规定，92.78%的被调查者认为应当加大对会计违法行为的处罚力度，96.14%的被调查者认为应当对会计违法行为的举报人设置奖励机制，96.55%的被调查者认为应当明确特定机构或部门保护受打击报复的会计人员，94.24%的被调查者认为应当对单位阻碍会计人员参加继续教育的行为给予处罚。

此外，现行《会计法》第四十条对具有会计违法行为的会计人员是否取消会计从业资格和继续从事会计工作等作出了明确规定。鉴于会计从业资格行政审批面临取消，没有了会计从业资格这个会计人员管理的“抓手”，如何科学界定、识别会计人员，并实施有效管理（包括激励和约束），是需要全面、深入研究的重大问题。

四、现行《会计法》存在的主要问题分析

我国现行《会计法》自2000年7月1日施行以来，虽然取得了显著成效，但在实施过程中面临的问题也是不容忽视的。综合此次问卷调查的结果和专家学者的已有研究成果，现行《会计法》存在的不足主要表现在以下三个方面。

（一）《会计法》的法律定位不明确、威慑力与约束力不够

我国的会计法规体系总体上呈“宝塔型”，处于塔尖的是《会计法》，它是制定其他会计法规、制度的依据，也是指导会计工作的最高准则；处于第二层次的是行政法规，如国务院发布的《总会计师条例》《企业财务会计报告条例》等；处于第三层次的是部门规章，如财政部发布的《会计基础工作规范》《会计从业资格管理办法》《代理记账管理办法》《会计师事务所执业许可和监督管理办法》《企业会计准则——基本准则》《政府会计准则——基本准则》《企业内部控制基本规范》《会计档案管理办法》等；处于第四层次的是规范性文件，即由财政部印发的用于规范会计工作的其他具有约束力的非立法性文件，如《企业会计信息化工作规范》《行政事业单位内部控制规范（试行）》《管理会计基本指引》以及企业会计具体准则、企业内部控制配套指引、政府会计具体准则等。此外，各地方政府发布的与会计工作相关的规范性文件也是我国会计法规体系的组成部分。然而，我国现行《会计法》的某些条款规范的内容过于具体，其实质上应该属于会计法规体系中第二层次甚至第四层次规定的内容，这反映出我国现行《会计法》存在法律定位不够明确的问题。黄菊英（2014）、郭红彩（2013）和寇学军

(2009) 等均认为,《会计法》的内容规范应以“原则导向”为主,而不应过于具体。

与此同时,现行《会计法》的威慑力和约束力也不够。现行《会计法》对会计违法违规行为的处罚力度明显偏轻,民事法律责任缺失,法律威慑不足,难以真正发挥约束作用。

(二)《会计法》规范的会计行为内容不完整,会计监督作用弱化

1992 年以来,会计准则逐步取代了计划经济时代的会计制度,成为我国企事业单位和政府机关生成和提供财务会计信息的主要标准,然而现行《会计法》中并没有关于会计准则的规范。许家林和张华林(2005)、张敦力(2006)、周晓燕和季俊强(2009)等均认为,《会计法》应明确规定会计准则在会计法规体系中的地位和作用。

还有,随着社会经济与现代科学技术的迅猛发展,单位的内部控制、管理会计、会计信息化等越来越重要,财务共享、会计业务外包、代理记账等新业务、新方式也日益增多。为了应对这些会计工作的新内容、新方式,我国主管全国会计工作的财政部陆续发布了《企业内部控制基本规范》及其配套指引、《管理会计基本指引》《企业会计信息化工作规范》等一系列规章制度。然而,我国现行《会计法》对这些问题均没有涉及。王培(2016)和林刚(2016)等认为,应考虑将内部控制、管理会计、会计信息化等内容在《会计法》中予以增补,以完善《会计法》规范的内容。

此外,现行《会计法》构建的“三位一体”的会计监督体系未能发挥应有作用。从《会计法》实施的实际情况来看,不少单位的内部会计监督流于形式,注册会计师与客户之间“剪不断理还乱”的利益关系使得社会监督乏力,“多头监管”“责任不明”的政府监督难有实效,因而,多年来上市公司甚至国有企业会计舞弊屡禁不止,国有资产大量流失、损失案件时有发生。国家审计署于 2017 年 6 月公布的对 20 家央企 2015 年度财务收支的审计结果表明,多数央企经营管理不善,

甚至虚构经营业绩，多数央企存在严重的国有资产损失、流失现象，内部会计监督不力甚至缺失。因此，唐婷婷和左紫金（2015）、孙蕊和鲍双双（2014）、牟巧初（2013）、吴守峰（2013）等认为，现行《会计法》在会计的监管体制、监管权限、处罚力度等方面都不能适应经济社会发展的现实需要，急需进一步完善，为会计监管提供坚实的法律保障。

（三）《会计法》的部分内容已经不能适应社会经济环境和会计行业发展需要

现行《会计法》实施以来的近20年，我国经济社会发展所处的环境发生了重大变化，经济全球化、科技革命、商业模式变革、信息技术和人工智能等，无疑都对单位的经营活动和管理行为以及会计工作带来了挑战与机遇。会计工作已远远不止记账、算账和报账等职能，其已经渗入到单位经济管理的各个方面，包括价值创造、风险控制、决策支持等。与此同步发展的是，会计的价值管理已经与业务管理高度融合，会计工作理念、模式以及组织形式等也已经发生了深刻变化。因此，现行《会计法》的不少内容已经不能满足现代经济活动与会计工作的需要。比如，与20世纪末相比，我国现有的大多数国有企业均已进行股份制改造，“公司制企业”已经是一种普遍现象，因此，《会计法》（第三章）单独对公司制企业的会计核算问题作出“特别规定”，已无必要。此外，郑晓云（2014）、全小英和沈小袷（2010）、薛云奎（2009）等均认为，“一刀切”的“历年制会计年度”强制规定并不完全适合我国市场经济发展的需要，建议允许企业灵活选择会计年度，等等。

五、《会计法》修订思路

盛世修典。《会计法》作为我国经济领域的一部基础性法律，自1999年修订至今已经过去了十八年。随着我国社会经济环境的不断变化，特别是“五大发展理念”“四个全面”的贯彻与实施，会计工作不可避免地面临一些新问题和新情况，因此，对《会计法》进行再次修订迫在眉睫。为了将《会计法》修订成为一部符合改革要求、体现时代精神、反映实践成果、适应未来改革发展需要的基础性法律，我们认为主要应从以下六个方面着手。

第一，完善《会计法》应该规范的会计行为的内容。2008 年以来，财政部等部委先后联合或独立印发了《企业内部控制基本规范》《行政事业单位内部控制规范（试行）》《管理会计基本指引》《企业会计信息化工作规范》等主要涉及内部控制、管理会计以及会计信息化等的系列部门规章制度。从法理上讲，这些部门规章制度必须依据《会计法》来制定，但现行《会计法》中并未明确上述内容的法律要求，因此，就导致作为“上位法”的《会计法》无法统领作为“下位法”的这些会计规范。同时，也使这些“下位法”缺乏立法与执法的法律依据。所以，我们建议本次《会计法》修订，应将内部控制、管理会计以及会计信息化等内容的相关法律要求纳入新的《会计法》。同时，由于内部控制、管理会计等的“个性化”特征较为明显，因此，在《会计法》中只需规定它们的基本要求、厘清相关内容之间的基本关系即可，而不宜规定得过于详细。

第二，将政府会计主体纳入《会计法》的规范范畴。纵观英美法系和大陆法系的部分西方发达国家的会计法规制度，企业主体与政府主体（含非营利组织）的会计行为是分开立法管理的。而我国《会计法》是一部综合性的、规范社会各类会计主体行为的法律。在我国目前难以将企业会计主体和政府会计主体（含非营利组织）会计行为分开立法管理的背景下，我们认为本次《会计法》的修订应当将企业主体和政府主体（含非营利组织）的会计行为均加以规范。但是，现行《会计法》的内容实质上主要针对企业组织，没有很好地体现对政府会计主体会计行为的要求。我们建议在修订现行《会计法》时，要侧重于对企业会计主体和政府会计主体会计行为的基本要求（即“底线”要求）

进行规范，而将两类不同会计主体会计行为的特殊性要求放在“会计准则”等国家统一的会计制度中去规范。

第三，进一步完善会计监督体系。就现状看，我国的会计监督体系由单位内部会计监督、外部政府会计监督和外部社会会计监督（如会计师事务所等中介机构）构成。就监督内容而言，单位内部会计监督主要关注单位的会计行为及其相关的财务行为是否合法合规、是否经济有效、是否符合单位的发展目标与根本利益；政府会计监督主要关注各单位的会计行为及相关行为是否符合《会计法》及相关法律法规的规定；外部社会会计监督是注册会计师依据《会计法》、国家统一会计制度以及相关执业标准等对单位的会计信息（会计报告）质量进行鉴证，并出具专业意见。然而，现行《会计法》中，单位内部会计监督的内容过于狭窄，内部监督机制未能形成；政府会计监督与业务监督混淆，存在“多头监管”现象，等等。因此，我们建议本次《会计法》修订应重点构建科学的会计监督体系与机制，完善会计监督的内容，特别注意强化基于外部市场的注册会计师监督作用。

第四，建立健全会计法律责任体系。违法行为与法律责任的设定，是一部法律的核心。会计违法行为的认定在一定程度上决定了《会计法》的科学性，而会计法律责任的设定又直接影响着《会计法》的威慑力。在这一方面，我国现行《会计法》存在的主要不足，一是会计法律责任不完整，行政责任是现行《会计法》设定的主要法律责任，而没有涉及“民事责任”等法律责任；二是现行《会计法》第四十二条对会计违法行为的认定没有按动机、后果的严重程度、责任人等予以细化，因而在一定程度上不够严谨。同时，现行《会计法》在与我国《公司法》《税收征收管理法》《刑法》等法律的衔接上尚存在许多“空间”，需要“补缺”。因此，我们建议本次《会计法》修订中，除了做好《会计法》与相关法律的协调外，应着力构建完整的会计法律责任体系，将民事法律责任、国家赔偿责任等纳入《会计法》的会计法律责任体系，同时进一步完善会计行政法律责任的内容、优化行政处罚的法律标准。

第五，从完善我国会计法规体系出发，突出《会计法》的“基本法”地位。迄今为止，我国已经建立了结构较为完善的会计法规体系，包括作为法律的《会计法》、国务院发布的行政法规（如《企业财务会计报告条例》等）、部门规章（如财政部发布的《企业会计基本准则》等）、规范性文件、地方政府发布的区域性会计管理制度以及单位内部的会计管理制度等。在这个体系中，由全国人大颁布的《会计法》属于法律层面的规范，应该是统领所有会计规范的“基本法”。一般而言，作为“基本法”的《会计法》应该按照“原则性导向”思路去取舍其内容，其重点应该规范不同会计主体会计行为的共性要求和“底线”要求，这样，《会计法》才具有稳定性和前瞻性。但现行《会计法》中的部分内容过于具体，不符合“基本法”的特征和要求。因此，我们建议对现行《会计法》的内容逐条进行梳理，将不具备“基本法”特征的规范内容放至相应的“下位法”去规范。这项工作需要通盘考虑，工作量很大。

第六，注意《会计法》重大修订后相应问题的顶层制度设计。在本次《会计法》修订中，变化最大的莫过于取消会计从业资格。我国庞大的会计人员队伍管理的“有力抓手”没有了，今后如何保证会计人员的专业能力和专业水平不下降？这是一个十分紧迫的现实问题。我们认为，借鉴国内外其他行业专业人员的管理办法，通过建立自律性会计行业社会组织来管理会计人员，符合当前“放管服”改革的总体要求，应该是一种比较理性的抉择。我们建议，财政部应该尽快拿出具体方案，同时，在《会计法》中对会计行业社会组织的监管与指导作出原则性规定，做好相应制度的顶层设计工作。

（本文原载于《会计研究》2017年第9期，作者为王昌锐、贺欣、邵敏、万文翔、李静、唐国平）

主要参考文献：

陈辉，2017. 探究美国企业会计年度的选择［J］. 财会通讯，10：119～121.

陈雪彬，2010. 论我国会计法视角下的会计人员权益维护［J］. 湖南财经高等专科学校学报，10：124～127.

郭道扬，2005.《会计法》的立法创新及其影响［J］. 会计研究，5：27～30.

郭道扬，2015.《会计法》的辉煌30年［N］. 中国会计报，2015－4－24.

郭红彩，2013. 台湾地区商业会计法修订历程及启示［J］. 财会通讯，10：109～110.

胡海波，2005. 我国会计年度的变革刍探［J］. 财会月刊，11：17～18.

黄菊英，2014.《会计法》与相关法律制度的协调问题［J］. 财会月刊，17：66～68.

贾成，马崇明，2000. 论修订后《会计法》存在的问题［J］. 当代财经，3：67～70.

寇学军，2009. 刍论现行《会计法》若干法律问题的完善［J］. 财政监督，9：76～77.

林刚，2016. 关于修订完善《会计法》的探讨［J］. 财务与会计，13：69～70.

鲁敏，2014.《会计法》法律适用性探讨［J］. 财会通讯，5：99～100.

牟巧初，2013.《会计法》相关问题探讨［J］. 财会通讯，12：34～37.

全小英，沈小裕，2010. 单一会计年度模式转向多元会计年度共存模式的思考［J］. 经济研究导刊，12：76～77.

孙蕊，鲍双双，2014. 汇集智慧、凝聚力量，为《会计法》修订确立改革坐标［J］. 财务与会计，8：4～6.

唐婷婷，左紫金，2015. 对完善我国《会计法》的探讨［J］. 商场现代化，16：184～186.

唐予华，2006.《会计法》的法律效力评析［J］. 上海立信会计学院学报，1：23～27.

王兵，李晶，苏文兵，等，2011. 行政处罚能改进审计质量吗？——基于中国证监会处罚的证据［J］. 会计研究，12：86～92.

王培，2016. 关于修订《中华人民共和国会计法》若干思考［J］. 合作经济与科技，12：190～191.

吴守峰，2013. 关于《会计法》修订完善的对策建议［J］. 财务与会计，11：53～54.

吴守峰，2014. 试论《会计法》颁行中存在的主要问题［J］. 中国总会计师，2：68～71.

徐慧伟，2015. 会计法实施相关问题浅析［J］. 财会学习，12：108～109.

许家林，张华林，2005. 我国《会计法》的法理视角思考［J］. 会计研究，4：10～14.

薛云奎，2009. 法定会计年度，危害会计信息质量［J］. 首席财务官，6：18.

严丽梅，2014. 南纺股份 5 年造假 3.44 亿仅罚 50 万走出困境待观察［J］. 羊城晚报，2014－5－19.

张敦力，2006. 论我国《会计法》的进一步修订与完善［J］. 中南财经政法大学学报，5：83～86.

郑晓云，2014. 变更我国会计年度分析［J］. 现代商贸工业，9：155～156.

中国财政科学研究院财务与会计研究中心课题组，2017. 各国会计法律制度研究［J］. 财政科学，4：14～30.

周晓燕，季俊强，2009. 试论我国《会计法》之完善［J］. 经营管理者，15：210.

朱星文，2008. 中国会计法制建设三十年回眸及展望［J］. 当代财经，11：5～11.

祝小平，2014. 对《中华人民共和国会计法》修改的若干建议［J］. 法制与社会，20：178～179.

第九章　我国《会计法》的发展历程与修订启示

会计“与生俱来”的利益分配和资源配置作用，使之成为市场经济环境中个体逐利的重要工具。无论是“经济越发展、会计越重要”的广泛认知，还是屡禁不止的会计造假事件，都佐证了会计在经济利益分配与经济资源配置过程中的关键性、基础性作用。正因如此，政府出于维护社会“公平与效率”的目的，需要对单位的会计行为以及会计信息质量进行规范甚至管制，而规范或管制的基本方式就是制定统一的会计行为标准（如会计准则等）或者更高层次的会计法律。我国基于“改革开放”和社会经济发展的内在要求，于 1985 年制定、颁布了《会计法》。三十多年来，《会计法》的颁布与实施对规范各单位的会计行为、提高会计信息质量、加强财务管理与经济管理、维护社会主义市场经济秩序、促进我国社会经济的快速发展，都发挥了重要作用。但是，随着我国社会经济政治环境的变迁，《会计法》也需要“与时俱进”，不断完善。本文结合我国社会经济环境变迁，回顾了我国《会计法》制定、颁布与修订的发展历程，并总结出了对我国现行《会计法》修订有益的经验。

一、我国《会计法》的发展历程

（一）《会计法》的出台

中华人民共和国成立以后，我国逐步建立了与高度集权的计划经济管理体制相适应的会计管理体制，这种体制的基本特征是“集中、统一”。对单位会计行为的规范，主要是国务院财政部门制定、颁布的分行业的统一“会计制度”。应该说，这种集中统一的会计管理体制对于建立“集权制”的计划经济体制、恢复我国国民经济和提高经济管理效率，起到了重要作用。

1978 年，经济体制改革唤醒了沉睡的神州大地。1979 年，财政部恢复了作为全国会计工作最高主管机构的会计司（当时为会计制度司），会计管理工作开始步入正轨。改革开放之初，由于社会认识以及会计工作本身的原因，我国会计工作的地位不高，坚持原则的会计人员屡屡遭到打击报复，业务性的部门规章已经不能满足我国经济发展对会计工作的客观要求，会计工作立法势在必行。为推动此项工作，财政部于 1981 年成立了《会计法》起草小组，并确定由时任会计司副司长的魏克发具体牵头《会计法》的制定工作（张瑶瑶，2008）。1982 年，裘宗舜教授在全国人大会议上提议为会计立法，也进一步推动了《会计法》的制定工作。1984 年 4 月，国务院常务会议对《会计法（草案）》进行了审议，并提出了重要修改意见。1985 年 1 月 21 日第六届全国人民代表大会常务委员会第九次会议审议通过了《会计法》，并决定从 1985 年 5 月 1 日起开始施行。这是新中国诞生后的第一部会计法，标志着我国会计工作从此走上了法治化轨道。

总体上看，我国 1985 年《会计法》的颁布实施，主要是为了解决改革开放初期单位会计工作的各种“乱象”，其规范的主要内容是会计核算与监督、会计机构与会计人员的基础性要求，会计法律责任也主要局限于行政法律责任中的“行政处分”。但是，本次《会计法》的颁布在法律层面明确了我国会计工作的重要地位，同时奠定了我国会计工作法治化的基础，对我国会计工作以及整个社会经济的发展都具有里程碑式的历史意义。

（二）《会计法》的第一次修订（或修正）

1992 年 8 月，根据国务院的立法计划，财政部印发了《关于进一步修订〈会计法〉调查研究的通知》，正式启动了《会计法》修订工作。1993 年 10 月，国务院讨论通过了《中华人民共和国会计法修改草案》，并上报全国人大。1993 年 12 月 29 日，第八届全国人民代表大会常务委员会第五次会议审议通过了国务院关于《中华人民共和国会计法修正案（草案）》的议案，决定对《会计法》进行修订，并从公布之日开始施行。

这是我国第一次对《会计法》进行修订，但只是对《会计法》的部分内容进行修订（不是全面修订）。此次《会计法》修订的背景是：我国已经明确将“社会主义市场经济体制”作为我国的经济管理体制；《会计法》的颁布与实施，尽管在“加强会计工作、维护国家财经纪律、改善经营管理和提高经济效益、加强会计法制建设”等方面起到了重要作用，但随着改革开放的不断深入以及我国社会主义市场经济的发展，经济管理对会计工作提出了许多新的要求，《会计法》的部分规定已经不能适应新形势、新发展的要求；《会计法》已经实施八年，有必要根据邓小平同志建设有中国特色社会主义的理论和党的十四大精神，对这段时期我国会计工作发展和改革的实践经验进行总结（刘仲藜，1993）。

此次《会计法》修订的内容主要涉及立法宗旨、实施范围、会计制度管理体制、会计人员管理体制、会计监督和法律责任等，并对部分内容进行了简化、优化和充实。使其能够体现并适应我国市场经济发展的要求，包括会计工作的专业化（如对会计人员专业能力的要求）、会计方法的国际化（如明确记账本位币）、会计技术手段的现代化（如对会计电算化及其软件的要求）、会计业务的多元化（如代理记账业务）、会计责任主体的细化（如区分会计人员与单位领导人的责任），等等。

（三）《会计法》的第二次修订

1993 年我国第一次对《会计法》进行修订之际，正值我国借鉴西方发达国家会计准则的经验，开始逐步建立和实施与市场经济发展相适应的中国会计准则体系（如我国于1992年年底首次发布了《企业会计准则》并于1993年7月正式实施）。在这一时期，我国的经济改革在向深度推进，作为市场经济主体的企业的自主性、市场地位以及企业财产的产权关系等被重视，并以经济制度的方式开始予以固化，迫切需要对《会计法》进行修改和完善，以适应我国市场经济发展的需要。

1998年6月，财政部在北京召开《会计法》修订座谈会，对《会计法》修改的思路、目标、内容等进行了深入讨论，并于1998年8月印发了《中华人民共和国会计法修改草案》（讨论稿），在全国范围内征求意见。1999年5月，国务院常务会议讨论并原则通过了《中华人民共和国会计法（修订草案）》，提请全国人大常委会审议《会计法》修订草案和《关于惩治违反会计法犯罪的决定（草案）》。1999年10月31日，第九届全国人大常委会第十二次会议审议通过了修订后的《中华人民共和国会计法》，并决定自2000年7月1日起施行。

此次《会计法》的修订，认真总结了我国《会计法》颁布以来，特别是1993年实施《企业会计准则》、建立我国特殊的会计制度与会计准则"共存"的会计标准模式以来的经验和教训，并充分参考、借鉴了世界主要国家会计行为的立法经验和通行做法。此次《会计法》修订的重点是，明确单位负责人作为本单位会计工作和会计资料的真实性和完整性的第一责任人，进一步完善会计核算的基本规则与制度，通过建立会计从业资格证书制度来加强对会计人员的管理，强化了对单位会计活动和经济活动的制约和监督，加大了对会计违法行为的处罚力度等。此次修订的思路与主要内容为：一是将确保会计资料真实、完整作为《会计法》规范的核心内容；二是从法律层面确立了会计核算的基本规则，明确了会计核算的基本要求；三是进一步完善、强化了会计监督制度；四是进一步明确了会计违法行为的内容，加大了对会计违法行为的处罚力度。

总之，我国《会计法》第二次修订涉及面较宽，从会计核算、会计监督到会计法律责任，都有较大变动和创新。特别是，此次修订中突出了“会计资料真实、完整”这个会计工作的核心要求，并力图构建一个内容完整、结构合理、监管有效的会计监督制度体系，同时对如何完善会计法律责任、提高会计法的威慑力与实施效果也进行了有益的尝试。

（四）《会计法》的第三次修订

从2000年至今，我国的政治、经济、社会环境发生了巨大变化，随着我国政治体制改革的不断深入，国家治理体系和治理能力现代化的不断推进，政府治理方式与政府职能也在发生重大转变，这就要求会计工作应该更好地服务于国家机关、行政事业单位的财务管理和经济管理工作以及行政权力运行风险的控制与政府管理职能的实现；随着我国经济体制改革的不断深入，市场经济制度的不断完善，特别是进一步“推进国有企业改革，切实破除体制机制障碍，坚定不移做强做优做大国有企业”，会计工作需要在强化国有企业内部管理、提高经营效率等方面发挥应有的作用，比如通过建立和实施内部控制来规范国有企业的管理行为、防范管理特别是腐败风险，通过管理会计的应用来实现企业经营管理过程中“业财融合”、达到最优的价值创造目的，等等。因此，对《会计法》进行再次修订迫在眉睫。

早在2012年3月召开的十一届全国人大五次会议期间，徐景龙等31位代表就提出议案，认为现行《会计法》存在会计违法行为“情节轻重不分”、单位负责人的法律责任缺失等问题，因此建议修订《会计法》（陈丽萍，2012）。之后，财政部、全国人大常委会相关部门等先后将《会计法》修订列入立法规划或工作计划。2014年7月，在全国人大财经委、法工委及国务院法制办的支持下，财政部邀请包括部分全国政协委员在内的相关专家就《会计法》的再次修改进行研讨，此举标志着《会计法》修订的相关前期准备工作正式启动。与此同时，在国务院积极转变政府职能、简政放权、不断取消行政审批项目的背景下，实行了十多年的“会计从业资格证书”是否需要取消成为社会普遍关注的问题。

为进一步做好《会计法》修订的前期调研工作，财政部于2015年年底决定利用“共建高校”的科研力量对《会计法》修订的相关问题进行专题研究。2016年4月初，财政部正式发文，委托中南财经政法大学利用其经济管理学与法学的学科优势，就“《中华人民共和国会计法》修订相关问题研究”进行研究，为《会计法》修订提供充分的理论依据与初步方案。2016年年底，在课题组与财政部会计司的共同努力下，课题组提交了初步的“《会计法》修订方案”，该方案得到了来自国务院法制办、财政部条法司、财政监督检查部门以及政法高校等评审专家的高度认可。

从2016年上半年开始，财政部会计司为了充分听取社会各界对《会计法》修订的意见，先后通过问卷调查、举行座谈会以及实地调研等方式，进行了广泛、深入的社会调查。2016年4月，《会计法》修订课题组与财政部会计司的相关专家在前期调研的基础上，共同完成了调查问卷的设计工作。2016年4月21日，财政部办公厅以财办会〔2016〕16号发布了“关于开展《会计法》问卷调查活动的通知”。本次问卷调查活动采用网上答题方式进行，自2016年5月5日开始至6月25日结束。根据统计结果，全国共有906132人参与问卷调查。与此同时，财政部会计司还在全国范围内分不同片区、不同行业、不同对象举行了数十次专题座谈会，听取社会各方面对《会计法》修订的意见以及对“《会计法》修订草案”完善的建议。

为确保此次《会计法》修订工作的顺利进行，财政部将其列入了2017年工作重点，并于2017年8月成立了财政部《会计法》修订工作领导小组，财政部党组副书记、副部长张少春任组长，部长助理许宏才、赵鸣骥任副组长，小组成员包括财政部办公厅、条法司、税政司、预算司、国库司、资产管理司、金融司、会计司、监督检查局、人事教育司等司局相关负责同志。2017年8月17日，财政部召开了《会计法》修订工作领导小组第一次会议，全面部署《会计法》修订工作，明确有关任务分工、重点研究内容、主要工作安排等。依照财政部《会计法》修订工作计划，《会计法》修订草案将于2018年年底前提交国务院法制办。

二、几点启示

会计工作是整个经济管理工作的基础。会计工作不仅为单位的经营管理活动提供决策所需要的信息支持，而且在规范经营管理行为、防范管理风险、提高经济效率等方面具有重要作用。因此，《会计法》应该成为一部“符合改革要求、体现时代精神、反映实践成果、适应未来改革发展需要”的基础性法律。通过我国《会计法》的制定、颁布以及数次修订（正），我们可以得到以下启示：

（一）必须适应我国社会政治经济环境发展变化的需要

从学科性质与工作特征来看，会计应该且能够“服务”和“促进”社会经济的发展。换言之，会计工作的“滞后”或“惰性”会严重制约社会经济发展的速度与效率。因此，会计工作必须根据社会经济环境的变化作出“积极反应”，做到“与时俱进”。比如，政府治理方式的改革与政府职能的转变，要求政府部门必须做到政府信息公开，包括政府财务信息的公开。然而长期以来，我国政府会计系统只强调政府预决算会计，没有真正的“政府财务会计”，致使我国的政府会计工作已经不能适应政府改革的要求。因此，必须科学构建我国的政府会计系统，制定政府会计准则等会计行为标准，并通过充实《会计法》的相关内容，为政府会计系统的正常高效运转提供法律依据和保障。

（二）必须能够解决会计实践中出现和面临的新问题

会计信息的披露以及会计准则的制定等都涉及利益相关者之间的“经济利益分配结果”，因此，受利益驱动的影响，自古以来，会计造假屡禁不止（吴联生等，2003）、屡查屡犯。经济活动方式的创新特别是金融创新，使得经济活动更趋多元化、复杂化，也为会计行为留出了大量可“操纵”空间。如何压缩会计行为的操纵空间，如何有效抑制会计造假，以确保会计资料真实、完整，提高会计信息质量，就是《会计法》需要首先解决的重大现实问题。另外，随着社会的不断进步以及现代科学技术的迅猛发展，会计新业务新业态大量涌现（如代理记账、会计业务外包、财务共享等），会计方式与技术模式也日新月异（刘玉廷，2009）如会计信息化、会计“机器人”等，这同样需要通过调整相关会计规则甚至修订《会计法》来规范这些新的会计问题或现象。

（三）必须体现会计学科发展的新成果

《会计法》规范的内容是会计行为及其行为主体，而会计行为究竟应包括哪些内容？它们之间具有什么样的逻辑关系？这些问题需要从理论与实践角度加以认识和界定。现行《会计法》尽管已经历两次修订，但在内容上还是侧重于规范“会计核算”与“会计监督”，这两次修订仍主要是对会计核算与监督等方面的内容进行充实和完善。然而，自20世纪70年代西方国家开始重视并广泛应用管理会计以来，我国的会计与管理学者乃至各单位也开始着手研究、总结、借鉴管理会计的做法与经验。从根本上看，管理会计实现了价值管理与物质管理的有机结合，是将会计方法渗透至企业管理活动各个层面，从而有效地提升企业管理水平与效率。至今，已有多数大中型企业正在大量应用管理会计的方法来帮助企业提高管理水平。但是，现行《会计法》尚未对管理会计行为进行规范，这无疑值得商榷。因此，《会计法》的规范内容必须体现会计学科发展的新成果。

（四）必须具有应有的法律威慑作用

《会计法》是针对会计行为的法律规范，因此，它首先应该是一部法律。而作为法律，其必须具有应有的威慑力，能够“令行禁止”。但是，《会计法》的威慑力一直被广大会计人员以及整个社会所诟病。尽管已经过两次修订，但从实施效果来看，《会计法》的威慑力依然十分有限。其主要原因，一是现行《会计法》所界定的法律责任不完整，责任主体不易确定，责任追究主要局限于行政责任（包括行政处分和行政处罚），且经济处罚额度已经与目前的经济发展环境严重不符；二是民事责任、国家赔偿责任等未能引入到《会计法》中，且刑事责任仅仅是“蜻蜓点水”（我国《刑法》仅在第一百六十二条单独设置了“隐匿、故意销毁会计凭证、会计账簿、财务会计报告罪”条款）。因此，导致大量的会计造假行为能够“有恃无恐”。在《会计法》的后续修订中，应该注重构建完整、科学的会计法律责任体系。

（本文原载于《财务与会计》2017 年第 21 期，作者为唐国平、刘金洋、万文翔）

第十章　我国现行《会计法》主要特征、不足及修订思考

《会计法》自1985年颁布实施以来，分别于1993年、1999年进行了两次修订。从《会计法》的制定、颁布及发展情况来看，对其进行修订的主要原因是为了适应社会经济环境变化对会计工作的客观要求，着力解决会计工作面临的新情况和新问题。从2000年至今，我国的政治、经济、社会环境发生了巨大变化，会计工作不可避免地面临诸多新情况、新问题。就会计工作的外部环境而言，我国的市场经济制度不断完善、经济体制改革不断深入，特别是国有企业改革进一步走向“深水区”，与此同时，我国的国家治理方式与政府职能也在发生重大转变；就会计工作本身而言，会计信息失真问题仍时有发生，会计监督职能未能有效发挥，会计新业务、会计工作新模式不断涌现，会计职能由信息的提供和利用发展为“业财融合”甚至渗透至企业经营管理的各个层面以实现价值创造的目的。因此，适应新的经济环境的客观需要对《会计法》进行再次修订，已经迫在眉睫。

一、现行《会计法》的主要特征与不足

（一）主要特征

我国现行《会计法》共分七章五十二条。从结构与内容来看，现行《会计法》具有如下特征：

1. 在规范的内容上，侧重于财务会计核算。财务会计核算主要解决历史会计信息的加工、生成与输出问题，这些会计信息既可以“如实反映”单位经济活动的客观情况，又与投资者、债权人、政府经济监督部门以及社会公众等利益相关者的经济决策高度“相关”。而且，公众公司的财务会计信息具有显著的“公共属性”，属于社会经济生活中的“公共产品”（梅世强，2008）。因此，《会计法》对财务会计信息的质量及与其相关的生产过程进行规范十分必要。

2. 在规范的对象上，侧重于企业单位、国有单位、大中型单位的会计行为。现行《会计法》的内容主要针对企业单位的会计核算行为进行规范，如单独设置了第三章“公司、企业会计核算的特别规定”，而且从第二章“会计核算”部分涉及的会计要素来看，也主要是针对企业单位的会计核算行为进行规范。

3. 在会计监督方面，突出政府监督的作用。现行《会计法》已经初步构建了由单位内部会计监督、政府监督、社会（中介）监督等组成的会计监督体系。其中，政府监督包括政府财政部门对单位会计资料是否真实、完整所进行的监督检查，也包括税务、银行、证券监管、保险监管等政府部门对单位会计资料的监督检查。

4. 在法律责任方面，强调行政责任而忽略了会计法律责任体系构建。现行《会计法》第四十二条至第四十六条对不按《会计法》和国家统一的会计制度进行会计核算的违法违规行为，伪造、变造、隐匿或者故意销毁会计资料以及授意、指使、强令实施会计违法行为和打击、报复会计人员等违法违规行为进行了认定，并确定了相应的法律责任。但是，除“情节严重、构成犯罪、追究刑事责任”的处罚以外，对会计违法行为的法律责任认定只有“行政处分”、一定数额的经济处罚（罚款）和“吊销会计从业资格证书”三种情形。

（二）存在的不足

由于会计信息具有显著的“经济后果”，其影响并决定着经济利益的配置（Zeff, 1978；刘小年等，2004），因此《会计法》调整的实质上是经济利益、经济资源的相互关系。从这种意义上讲，《会计法》是我国经济领域的一部基础性法律，而作为一部经济法律，其必须适应经济环境的发展变化。同时，会计工作又是一种专业性强、技术特征明显的工作，因而《会计法》也是一部专业性法律，其必须适应会计工作发展的要求，解决会计行业发展面临的新问题。总体上看，我国现行《会计法》还存在以下主要不足：

1.《会计法》规范的会计工作内容不能适应经济社会发展和会计行业发展的现实需要。其主要表现为：一是随着我国政治经济体制改革的逐步深入，会计工作的外部环境发生了巨大变化，而《会计法》对会计行为的规范与要求已经不能适应这种变化。比如，随着国家治理方式的改革与政府职能的转变，政府及非营利组织的会计工作在防范行政权力运行风险、规范管理行为等方面的作用愈加重要，但现行《会计法》没有对政府会计主体的会计行为提出明确要求；民营经济和小微企业已经成为我国市场经济发展不可或缺的重要力量，但现行《会计法》并没有考虑这类经济组织会计行为的特殊性；近二十年来，我国绝大多数国有企业已经完成股份制改造，开始按现代公司制度运作和管理，因而现行《会计法》第三章“公司、企业会计核算的特别规定”就显得“画蛇添足”了。二是我国会计行业自身发展已经面临着诸多亟需解决的重大问题，而《会计法》的现有规范已经无法适应甚至阻碍了会计行业自身的发展。比如，伴随着民营经济和小微企业快速发展而产生的会计业务外包、代理记账等新的会计业务新模式，需要《会计法》进行科学规范和引导；现代科学技术条件下产生的会计信息化、财务共享甚至“机器人会计”等新的会计工作方式，同样需要《会计法》对其进行规范和引导；随着政府行政审批权力的下放乃至取消，现行《会计法》中规定的“会计从业资格证书制度”即将“寿终正寝”，与此相关的我国庞大的会计从业人员队伍的管理将成为会计管理工作的一大难题，这也需要在《会计法》中做好我国会计从业人员管理制度的“顶层设计”工作。

2.《会计法》所确立的“三位一体”的会计监督体系未能发挥其应有作用。无论是屡禁不止的上市公司会计造假事件，还是国企甚至央企的“虚构经营业绩”和“国有资产流失”现象，都说明我国企业的会计监督工作“任重道远”。现行《会计法》已经构建了由内部会计监督、政府监督和社会监督等组成的“三位一体”的会计监督体系，但大量的会计造假事件、单位内部财务管理混乱而导致的国有资产流失和损失现象等，已经说明我国的会计监督体系并未能够发挥其应有作用。2017 年 6 月 23 日，国家审计署发布了对 20 户中央企业 2015 年财务收支审计结果公告。此次审计发现，“一些企业经营业绩不实、虚增经营业绩，例如部分企业通过虚构销售业务、虚增交易环节等方式虚增收入和成本，通过调节合并财务报表范围等方式虚增利润”，“一些企业经营管控仍然比较薄弱，因违规决策、决策失误或管理不善等造成损失或损失风险”。这说明作为我国国民经济发展支柱的“国字号”企业的内部会计监督依然存在监督不力的问题。从上市公司会计造假情况来看，无论是相对久远的“郑百文”“银广夏”事件，还是近年的“欣泰电气”“辉山乳业”等会计造假事件，同样说明上市公司的内部会计监督以及注册会计师审计监督（社会监督）均存在监督不力或监督缺失问题。

3.《会计法》的威慑力和约束力不够。现实经济生活中大量存在的会计违法违规行为（如单位负责人守法意识淡薄，指使会计人员做假账，虚构交易以调节利润，以达到欺诈上市、骗取贷款、逃避缴纳税款等非法目的，以及注册会计师与客户合谋造假等）固然与会计行为人（单位）的不当政治或经济利益动机相关，但与《会计法》的威慑力和约束力不够也有直接关系。换言之，会计违法成本偏低，是导致会计违法行为普遍存在的重要因素。现行《会计法》威慑力和约束力不够的主要原因在于：一是会计违法行为的法律责任单一，除情节严重的会计违法行为需要承担刑事责任外，我国现行《会计法》认定的法律责任仅为行政责任（主要为行政处分和罚款等行政处罚），而没有涉及赔偿等民事责任和国家赔偿责任；二是作为唯一的行政处罚的罚款金额明显与我国现实经济环境和收入水平不匹配，罚款金额偏低（现行《会计法》对单位的最高处罚金额为十万元，对个人的最高处罚金额为五万元），而且也未涉及“没收违法所得”等会计违法行为应该承担的更合理的行政法律责任。

二、现行《会计法》修订的基本原则

鉴于会计工作的技术性特征以及《会计法》作为我国经济领域基础性法律的属性，我国《会计法》修订必须体现我国现实的社会经济环境对会计工作的客观要求，同时要能够解决我国会计行业发展所面临的新情况和新问题。因此，《会计法》修订应当遵循以下基本原则：

（一）充分体现“全面深化改革”对会计工作的要求

从会计作为一种经济信息系统的基本职能来看，会计是一种“滞后”于经济活动的“被动”反应行为（彭韶兵，1993），但是，会计针对外部环境的能动作用和促进功能也十分明显。因此，会计工作既要及时适应外部社会经济环境的变化、满足外部经济环境的客观要求，又要促进社会经济的发展。党的十八大以来，在实现“中国梦”的宏伟目标下我国已经重新确立了一系列“强国”战略，我国的经济体制改革、政治体制改革、文化体制改革、社会体制改革等正在不断向纵深推进，其中，最重要的当属经济体制改革。而以解决政府和市场之间的关系为核心的经济体制改革，将对会计工作产生深远的影响。就理论而言，正确处理政府与市场关系的关键，就是要充分发挥市场在资源配置中的决定性作用，而会计及会计信息本身在资源配置过程中的“信号引导”作用，表明了会计工作对于推动我国经济改革具有重要意义。因此，如何在法律制度层面厘清经济发展、经济环境变迁与会计工作的基本关系，是我国《会计法》修订需要解决的首要问题。

（二）充分体现现代会计学科发展的新成果

《会计法》是对会计行为进行约束的法律规范，因此会计行为本身是《会计法》界定其规范内容的依据或基础。就会计学科发展的历史逻辑来看，会计行为经历了从“记账”“算账”“报账”等信息处理与信息提供，到利用会计信息进行控制“理财活动”以及整个经济活动的发展过程。会计学科发展至今，以确认和计量为核心的财务会计（核算）已经形成了一整套科学的理论与方法体系，会计确认、计量、记录和报告的准则（即会计准则）亦开始形成世界范围内的一致标准（如国际财务报告准则），甚至会计信息的生成过程已经完全可以由计算机技术或信息技术来完成并产生所谓的“机器人会计”。总体上看，财务会计核算的目标就是提供高质量的会计信息，但值得思考的是，如何从制度层面确保特定个体的会计信息质量？国内外会计和审计理论研究及其实践已经证明：建立一整套有效的内部控制制度是其必然选择。因此，为了保证单位的会计信息质量，必须建立和实施有效的内部控制。

提供于决策者有用的会计信息是会计的基本职能。但现代会计发展至今，会计信息被用于控制单位的财务资源配置活动，甚至会计行为突破传统的价值管理范畴而“渗透”至单位经营管理的各个层面，通过“业财融合”以实现经济组织“价值创造”的终极目的，这就是现代管理会计的发展现实。无论是营利组织还是政府会计主体，管理会计都具有广阔的应用空间。

因此，我国《会计法》修订应当将内部控制和管理会计等会计学科发展的最新成果纳入其规范的内容之中。

（三）突出《会计法》作为会计工作“基本法”的地位与特征

到目前为止，我国已经建立了结构较为完整的会计规范体系。在这个体系中，处于最高层次的是会计法律（即《会计法》），其次是国务院颁布的行政法规（如《企业财务会计报告条例》），再次是部门规章（如财政部发布的《企业会计准则》等）和规范性文件，复次是地方政府发布的区域性会计管理制度，最后是基层单位的内部会计管理制度。毫无疑问，会计规范体系具有自身应有的结构和逻辑关系。其中，《会计法》由全国人大审议通过并颁布，属于法律层面的规范，理所应当是统领我国会计规范体系的“基本法”。同时，《会计法》也是制定其他各种会计规范的法律依据，是所有会计规范的“上位法”。因此，《会计法》修订中，在内容上应当注意突出对不同会计主体会计工作的共性要求和“底线”要求，而将对会计工作的具体要求特别是“操作层面”的要求，放在其他层次的会计规范中。

此外，法律的修订与重新制定是两项完全不同的工作，我国此次《会计法》修订的关键是要解决现行《会计法》存在的主要缺陷或不足。

三、我国现行《会计法》修订的基本思路

（一）完善《会计法》所规范的会计行为的内容，以体现会计学科发展与会计实践的最新成果

无论是会计科学理论研究还是会计实践都已经证明，为外部利益相关者提供特定个体的财务状况、经营业绩、现金流量等会计信息（财务会计）和利用会计方法提高特定个体的资源配置与管理效率（管理会计），是现代社会中会计工作的主要内容。因此，现行《会计法》的修订应当将财务会计（核算）和管理会计纳入其规范内容。当然，管理会计的“个性化”特征，又决定了其在《会计法》中的规范内容、详细程度等与财务会计核算存在明显差别。同时，由于建立和实施内部控制是整个会计工作的“制度基础”，《会计法》也应当将内部控制纳

入规范范畴。

另外，从会计行为的运行机制来看，其涉及会计行为主体（会计机构和会计人员）、会计行为内容（财务会计核算和管理会计）、会计行为后果（包括与合法行为后果相关的权益保护制度和与不法行为后果的法律责任追究制度）、会计行为约束机制（即会计监督制度）等方面的内容。因此，《会计法》在结构上应该包括对这些内容的规范。

（二）初步构建结构较为完整的会计法律责任体系，以体现会计法律责任的科学性与合理性

从法理来看，法律责任包括刑事责任、行政责任、民事责任、国家赔偿责任、违宪责任等内容。当然，会计违法行为一般不会涉及违宪法律责任问题。但现行《会计法》仅仅明确了会计违法行为的行政责任（主要为行政处分和罚款形式的行政处罚），法律责任单一。根据我国现行经济环境中会计行为主体的特征，我们认为会计违法行为适合民事责任（如赔偿等）以及国家赔偿责任的认定。基于此，现行《会计法》的修订应该着力构建包括民事责任、行政责任和国家赔偿责任等内容的会计法律责任体系（会计违法行为的刑事责任由《刑法》规定）。

以会计法律责任体系构建为基础，首先，需要对现行《会计法》所认定的会计违法行为依照其动机、后果或危害性等进行梳理、分类，并分别合理界定其相应的法律责任与责任人；其次，对现行《会计法》中设置的行政责任进行优化，如根据经济环境的客观现实合理调整经济处罚额度等；最后，通过设置减轻或免责条款，提高《会计法》在法律责任认定方面的合理性与科学性。

（三）着力解决我国社会经济环境变化所导致的会计工作面临的新问题、新情况

坚持问题导向，根据经济环境变化对会计工作的影响，在会计法律层面解决好会计工作面临的新问题和新情况。比如，政府简政放权导致

取消“会计从业资格证书”已是大势所趋，针对如何管理好会计从业人员队伍，可以考虑在《会计法》中明确“会计人员自律性组织”设立的基本原则与要求，做好会计人员社会化管理的顶层制度设计工作。同样，根据“建立健全社会诚信制度”、会计工作应当“诚信为本、操守为重、坚持准则、不做假账”以及立法要尽量做到“法德相济”的要求，可以考虑在《会计法》中增加“建立会计诚信体系”、强化会计人员“诚信管理”等内容。

（四）着力解决现行《会计法》中不适应经济环境新要求的内容（条款）

现行《会计法》颁布、施行至今已有十八年之久，此间，我国的社会经济环境已经发生了巨大变化，因此，调整、修改现行《会计法》中不适应经济环境新要求的内容，是此次《会计法》修订需要解决的主要问题。比如，在确保会计质量的前提下，对企业组织和非企业组织的财务会计核算提出原则性的要求，而不再需要单独对公司、企业的会计核算作出“特别规定”；在会计机构设置方面，现行《会计法》要求具备设置条件的单位必须设立会计机构，但实际工作中，民营经济组织本着成本效益原则不再设立单独的会计机构，而是聘请中介机构进行代理记账来完成会计核算、纳税申报等工作；随着信息技术、互联网技术的快速发展，“会计资料”的内涵与外延已经发生了显著变化，而现行《会计法》对会计信息的存储、使用、传输等主要侧重于纸质会计资料；随着经济方式的不断创新以及经济活动的愈加复杂化，无论是单位内部会计监督还是政府会计监督和社会监督等外部会计监督，都需要不断创新监督方式、强化监督内容、提高监督效果，会计监督弱化乃至缺失的现象必须得到扭转和根本改变，等等。因此，《会计法》都需要根据这些情况和要求相应调整所规范的内容。

（本文原载于《财务与会计》2017 年第 21 期，作者为唐国平、王华、万文翔、李静）

第十一章　我国《会计法》修订研究综述

《会计法》自1999年最后一次修订以来，经过十八年的发展，《会计法》的实施环境已发生了重大变化，对《会计法》也提出了许多新的要求，社会上对《会计法》修订的呼声也越来越高。本文基于现行《会计法》的基本架构，在整体分析的基础上对其主要内容的相关文献进行综述。

一、对《会计法》的整体评价研究

（一）《会计法》细节性规定过多，原则性不够突出

作为一部法律，《会计法》的细节性规定过多，原则性不够突出。黄菊英（2014）认为，《会计法》过于具体，导致其独立性和权威性不强。原则性应是《会计法》的基本特征，但是从目前来看，《会计法》在会计监督、会计核算等方面的规定过于具体、琐碎，这不符合《会计法》作为会计工作"基本法"的特点。寇学军（2009）也持有同样的观点，认为《会计法》只应对原则性问题作出规定，具体内容应由其他会计规范加以规定。

（二）《会计法》未明确界定会计规范体系结构，其实施缺乏相应的配套细则

鉴于《会计法》在会计规范体系中的地位，要求《会计法》明确

会计准则、会计制度等会计规范的地位，但是我国《会计法》并未做到这一点，使得我国会计法规体系并未在法律关系上形成一个具有统驭与从属关系的完整系统（许家林和张华林，2005）。

《会计法》一个突出的条文缺失是没有对会计准则作出规定（周晓燕和季俊强，2009）。张敦力（2006）认为应在《会计法》中明确规定会计准则的重要地位和要求。“国家统一的会计制度”的内含尽管已将会计准则囊括其中，但《会计法》并没有直接提及“会计准则”这一概念，不利于巩固我国在会计准则建设方面所取得的成就。

吴守峰（2013）认为《会计法》是会计法律制度中层次最高的法律规范，应更注重于对会计工作进行宏观、整体以及全局的把握和管理，以系统性、普适性、原则性、稳定性、前瞻性、科学性为指引，在监管体制、监管权限、处罚力度等方面进一步完善，为会计监管提供坚实的法律保障。要制定与《会计法》相配套的实施细则，形成一个环环相扣的体系。

此外，还有许多学者认为《会计法》缺乏配套的实施细则。李高芬（2006）提出必须尽快建立《会计法》的配套法规，牟巧初（2013）等也提出要提升会计制度（准则）的法律层次。

（三）《会计法》的应然法律效力高，实然法律效力低

唐予华（2006）认为，《会计法》的应然法律效力已经得到充分肯定。改革开放催生了《会计法》，市场经济发展了《会计法》，提高会计信息质量的要求创新了《会计法》，与时俱进和探索创新、不断适应社会环境的结果体现为《会计法》的应然法律效力已经达到较高的程度。但在事项维度中还存在较多的不足之处。必须强化《会计法》的施行和执行力度，是现行《会计法》实然法律效力低于应然法律效力给我们的重要启示，《会计法》的作用和价值主要体现于实然法律效力。

二、总则内容研究

（一）《会计法》的目标不够清晰

许多学者认为，《会计法》的目标不够清晰，措辞不符合实际，而且大家对会计法中真实性的界定存在争议和疑惑。

牟巧初（2013）认为会计工作必须将保证会计信息及其资料的真实、准确和完整作为唯一目标，相关会计法律法规均应围绕此目标进行规范。《会计法》的立法宗旨是保证会计信息及其资料的真实、准确和完整。保晓萍和陈小炜（2014）也建议将《会计法》的宗旨和最终目标修订为“规范会计行为，保证会计信息及其资料的真实、准确和完整，维护社会主义市场经济秩序”，既清晰、简洁、明了，又解决了会计信息经常性失真的问题和困扰。

何月南（2012）认为会计工作是以专业标准来衡量信息的真实与否，其所谓的“真实性”并不是客观上的真实性。因为会计工作实践中大量使用估计的方法，按会计假设处理未知因素，这就使得会计核算不可能做到客观上的真实。所以，只要符合了会计准则与制度，会计信息就是“真实”且“完整”的。因此，《会计法》应对“会计资料真实、完整”的含义作出必要的法律界定。陈淑女（2014）、陈万瑞（2012）也持有同样的观点，认为《会计法》对会计资料真实、完整的界定不够清晰。

（二）单位负责人及其责任不够明确

鲁敏（2014）认为《会计法》中对“单位负责人”的定义不太明确，这样就形成了责任行为实施主体与法律责任主体的混同，其结果是错位适用法律责任，难以实现《会计法》规范的目的。

祝小平（2014）建议将现行《会计法》第四条修改为“单位负责

人对本单位会计行为的合法性、资料的真实性、完整性负责”。会计资料真实、完整并不等于会计行为合法，反之，行为合法不能等同于资料真实、完整。所以规范会计行为的前提是保证会计行为合法，其次是会计资料的真实性、完整性，两者的关系是相辅相成、相互联系、缺一不可的。

（三）《会计法》的适用范围（调整对象）表述不当

目前经济环境下的经济主体已经发生变化。祝小平（2014）建议《会计法》第二条修改为“行政单位、事业单位、企业、民营非营利组织和其他组织（以下统称单位）必须依照本法办理会计事务”。也有学者建议采用法理上的法律主体表述方式来确定《会计法》的适用范围。

（四）会计工作行政管理权限（包括监管权限）应当进一步明确

孙蕊和鲍双双（2014）认为，我国目前的会计行政管理与监管体制主要存在着会计秩序综合治理体系不健全、监管成本高、执法效能低等问题，呈现出“财政主导，多头监管，条块割裂，合力薄弱”的局面。这也是需要在《会计法》修订中从顶层设计上加以规范的一大问题。

牟巧初（2013）从不同层级管理部门的角度提出了自己的观点，建议增设“各级财政部门应当归集本行政区域内的会计信息，并对其归集的会计信息的真实性负总责”的条款。

（五）《会计法》对会计人员监督权力的规定难以落实

现行《会计法》赋予了会计人员监督单位经济活动的权力，但实践中却举步维艰，会计人员甚至无法履行《会计法》规定的监督义务（陈雪彬，2010）。

吴守峰（2013）认为单位内部的会计人员实际上并不具备监督者应有的独立地位，其利益往往从属于所在单位，是单位的职员或雇员，无法行使对所在单位尤其是单位负责人的监督权力。徐慧伟（2016）也认为目前的会计工作氛围对会计工作在经济管理中地位和作用发挥缺乏足够的认识，会计人员在正常工作中会受到各种阻扰、威胁甚至打击报复，所以，必须保护会计人员的合法权益，才能鼓励会计人员更好地监督企业经济行为，揭露或制止违法行为。

唐婷婷和左紫金（2015）认为，单位负责人和会计人员之间的关系影响了会计人员的履职。会计人员选聘由企业负责人决定，其人事关系、经济等都依附于企业负责人，因此要求会计人员独立进行会计工作、监督单位领导人，是一种无法实现的奢望。会计人员无法独立行使监督职责，会计监督就会流于形式。

三、会计核算（会计信息处理）研究

计算机及信息技术的迅速发展，对会计工作产生了深远影响，亦对相关法律法规带来了挑战，然而现行《会计法》对会计信息化并没有具体规范。就《会计法》修订而言，已有研究对信息技术给会计核算工作带来的影响给予了高度关注，同时，我国会计实务界与理论界对会计年度的规定也提出了不同看法。

（一）信息技术发展给会计核算和会计立法带来的挑战

随着信息技术的发展，一方面，传统的纸质资料（如记账凭证等）可通过电子资料替代，另一方面，信息化商业模式下（如谷歌的搜索引擎平台）的会计凭证本身即为电子资料。在云计算的商业模式下，终端用户的大量数据资源存储在“云”上，能够取得相关合法、有效的会计凭证的可能性很小，证据随时可能销声匿迹的风险客观存在。学者们认为，现代信息技术在会计工作中的广泛应用，已经使会计资料的生成方式、记账凭证的编制与审核方式、会计信息存储的环境以及会计服务形式等发生了深刻变化。

比如，秦荣生（2013）认为，在云计算环境下，取得会计凭证的程序可能发生的问题也很多，表现最为突出的是会计凭证的取得和管辖问题。电子证据本身就非常复杂，云计算使会计凭证的取证更加困难。白亚梅和谢文刚（2011）认为，传统手工模式下，通过连续编号等控制手段，针对记账凭证进行的修改会留下明显痕迹，而未来的会计信息化平台搭建于计算机、网络及通信等现代信息技术之上，信息传递的无纸化不能完全避免会计信息失真的现象，仍有可能存在电子凭证、电子账簿被随意修改而不留痕迹的行为。程平等（2013）认为，在信息化条件下，由于云计算采用虚拟化和分布式存储技术，会计信息到底存储在哪里用户是不清楚的，云会计服务提供商可能拥有某些特殊的权限，会计信息在云中的存储管理技术不完善都会对会计信息的安全造成隐患。针对当前云会计下会计信息存在的安全性问题，从技术及技术管理的角度，可以通过攻克云会计信息安全关键技术、研发高可信的云会计信息系统、建立云会计下会计信息安全风险可信评估机制、制定完善的会计信息安全管理措施四个途径进行改进和完善，等等。

（二）关于会计年度

1. 国内关于会计年度的研究。统一会计年度既有优点，也有不足。贾成和马崇明（2000）指出，历年制会计年度的优点是与计划年度、预算年度、纳税年度、统计年度一致，适应计划管理和汇总会计报表的要求。但历年制会计年度对一些经营周期带有季节性特点的企业会计核算有所不便，一些外资企业也因与母公司的会计年度起止时间不一致需要对会计报表进行调整。更重要的是，统一会计年度会导致审计工作过于集中，影响审计质量。薛云奎（2009）认为法定会计年度不仅危害会计信息质量及其披露的及时性，而且还会导致社会资源的巨大浪费。最佳会计年度的选择，应当与公司的生产周期相一致，以使财务报表能够完整地反映一家公司的完整生产经营周期的财务状况和经营业绩。

一些学者探讨了如何实施灵活的会计年度。胡海波（2005）认为，企业可以自主决定会计年度的起止日期，某些具有明显季节性特点的行业或企业可以选择将营业年度作为会计年度，金融行业的会计年度应由国家统一规定，非营利组织的会计年度也应适时作相应调整。全小英和沈小袷（2010）认为“多会计年度共存模式”相对于“单一会计年度模式”来说具有更好的经济效益与社会效益，不仅降低了企业年报编制成本，而且提高了审计质量与会计信息质量，并提出了日历制、四月制、七月制和十月制四种会计年度选择形式。郑晓云（2014）对于变更会计年度也提出了相关建议。

我国也有学者对实务界关于会计年度的看法进行了调查研究，如马贤明和邓传洲（2005）通过问卷调查，考察了来自注册会计师及企业财务报告呈报者关于会计年度截止日的看法。他们发现，税务部门、银行等债权人对公司年报的影响要大于财政、统计部门和证券交易所的影响，而且在上市公司中，证券交易所的影响最大；多数财务报告呈报者并不认为公历会计年度对企业带来很大不便；而大多数的注册会计师认为，采用公历会计年度所带来的年报集中审计将对审计质量造成显著影响。

2. 国外关于会计年度的研究。国外大多没有对企业统一规定的会计年度，而是由企业自行选择会计年度的截止日期。

（1）关于企业自行选择会计年度的截止日期情况及其影响因素。Kamp（2002）在对多个国家的上市公司进行统计分析后发现，国际上的确存在着会计年度选择多样化的结果；在对影响会计年度截止日期选择的因素进一步研究后发现，比起通常认为的季节性原因，国家立法上的一些细微差异却有更大的影响（例如，多数欧洲国家要求会计年度结束于12月末，但英国公司法要求公司会计年度一般结束于公司成立的月末，美国很多州法律要求明确规定会计年度应自由选择，等等）。在过去十年的国际协调中，只有少数案例是为了增强可比性而变动会计年度的截止日期。在全球范围内，会计年度截止日期有向12月份转变的一个微弱趋势。Sinha 和 Fried（2008）对美国公司的会计年度截止情况进行了统计，发现73%的样本公司会计年度截止于12月份、6%截止于6月份、截止于3月份和9月份的都是5%、3%截止于1月份、2%截止于10月份，截止于其他月份的都是1%。他们发现，业务季节性是报告期间选择的主要影响因素，但基于信息传递效应和专有披露成本的考虑，企业也许会选择非业务季节性的报告期间。此外，如果行业中已有公司选择业务季节结束时作为会计年度截止日期，那么新进入该行业的公司可能有更大的倾向作出不同选择，以期通过观察竞争对手财务报告来更新其自身的信息披露。

（2）不同会计年度截止日期的企业特征。Smith和Pourciau（1988）对于会计年度截止于12月份和非12月份的两类公司的财务特征进行了比较分析，发现前者比后者的公司规模要大，而且在某些行业有较为集中的将会计年度截止于12月份的现象，这在受管制或者刚解除管制的行业较为明显，而零售业公司一般都是将会计年度截止于非12月份。Huberman和Kandel（1989）也发现，大公司比小公司更多地将会计年度与公历年度保持一致，而且这种正相关关系在不同的行业都普遍存在。

四、会计监督研究

（一）会计监督的内涵和外延

不少学者认为会计监督的内涵和外延不够清晰，同时还存在与现阶段制度环境不匹配的现象。例如，林钢（2016）认为，根据内部控制相关规范的发展情况，建议将“会计监督”改为“内部控制与监督”，涵盖内部控制的相关内容。刘长进和龙子午（2007）认为“会计监督”的说法不够准确，既包含了政府对会计的监管，也囊括了单位内部会计机构和会计人员对单位内部管理活动的监督，以及注册会计师对会计活动的监督，既有“监督会计”，也有“会计监督”，建议修改为“会计治理”。边静如和毛成银（2015）认为，会计监督包括社会监督和单位内部自身监督两个层面。

（二）会计监督主体与监督模式

监管是否有效，与监管机构的专业性和独立性密切相关（Lennox和 Pittman，2010）。实务中，制度设计者为了实现有效的监管往往面临两难境地，因为虽然行业自律的监管模式专业性强，但独立性却会受到很大质疑；虽然独立监管机构独立性很强，但专业性却可能不足。

学者们对于政府作为会计监督主体主要有三类观点：弱化政府监管、加强政府监管、政府和非政府监管并重。第一类观点认为，政府作为宏观监督管理部门，应该在会计监管中淡化身份，如马骏（2005）认为我国会计监管的制度性瓶颈在于对已有会计监管安排的路径依赖，应取消政府对企业会计资源的行政控制，下放企业内部的会计监管权，建立政府、企业、注册会计师三方合作的会计监管框架，调整会计监管目标。第二类观点认为，政府在会计监管方面有其独有的优势，应该加强政府监管，如王海民（2001）认为政府会计监管应该包括对社会公众利益有重要影响的公众公司、一般企业和国有企业的会计信息，并以财务会计报告为载体的会计信息质量为监管目标。政府应该转变职能，委托会计中介机构对市场主体进行监管，政府则主要对中介机构进行再监督。第三类观点认为，政府和非政府会计监管主体应该互为补充，如刘芳和辛礼玫（2004）认为适度政府监管是政府与非政府主体相调适的过程，不能过于强调某一方或忽视另一方。张英明（2006）从利益相关者角度出发，提出应构建包括所有者、经营者、债权人、政府和社会公众五类监管主体的会计监管新体系。

黄世忠等（2002）认为政府主导的独立监管模式更有优势，理性会计监管是确保资本市场提供充分信息的重要手段。刘国强（2006）则认为当前条件下会计信息不符合公共产品要求；而且即使是公共产品，也很难由此推断出建立政府主导的监管体系的结论。他进一步认为，把会计工作环境和秩序视为公共产品既符合理论推理，又能支持我国会计改革和发展的实际做法。

（三）会计监督主体的协调

会计监督是一种多主体、多层次的制度安排，因此，不同主体、不同角度的会计监督应该实现有机协调。余丹（2006）认为，财政、税务、证券等部门监督形式、程序等均不明确，可操作性差。我国《会计法》规定了财政部门有权对会计师事务所出具审计报告的程序和内容进行监督，但并未规定以何种形式进行监督，具体程序如何。

吴守峰（2013）提出构建以财政部门为主导的会计综合监管体制，认为应将《会计法》的执法主体明确为财政部门，并确立以财政部门为主导，税务、审计、银监、证监、保监、工商管理等部门相配合的政府行政监管体制。此外，还应建立会计行政执法责任、制度和联席会议制度，财政部门应与工商管理、税务部门等联手，对会计违法行为不仅应给予罚款等行政处罚，还应给予不予年检、不予税务登记甚至给予其吊销营业执照和税务登记证等处罚，以增加会计违法者的风险和博弈成本。

（四）会计监督过程的透明度与科学性

针对“会计机构、会计人员对违反本法和国家统一的会计制度规定的会计事项，有权拒绝办理或者按照职权予以纠正”这一条款，谢冀源和马戎（2012）认为，该条款赋予会计人员的是权利，可以拒绝，也可以不拒绝，而不是具有强制性的义务，因而其执行力明显不足。

谭小平（2008）认为，单位的会计人员是多层次的，依法要求其负责的层次也应有所区别，有必要删除《会计法》中有关会计人员对违法违纪的收支必须向单位负责人报告的规定，只要求会计人员向所在单位上一层次的管理人员报告。当然，会计人员行使检举权，向单位负责人或政府有关部门检举应另当别论。

顾玲艳和周克俭（2015）认为，在利益主体多元化的趋势下通过直接管理会计人员来提高会计信息质量的作用十分有限，政府对会计工作的管理可以从会计信息的主要载体——财务会计报告的管理入手，可以要求一定规模以上的企业、行政事业单位应将经会计师事务所审计的年度财务会计报告报送同级财政部门会计管理机构。

孙移芳（2007）建议，应明确财政部门监督的程序。同时，财政部门的会计监督需要经常化、制度化，才能真正形成有效监督。在《会计法》中应针对财政部门的会计监督增加监督方式、监督程序的规定，为财政部门的会计监督提供更加明确的法律依据。

五、会计机构与会计人员研究

（一）关于会计人员的任用与管理

由于会计工作的专业性特征以及会计工作岗位的重要性，如何任用会计人员一直是社会关注的焦点问题。

吴守峰（2013）认为，应对有关单位任用总会计师、会计机构负责人的程序和方法作出明确规定，并且增加会计人员回避制度的条款。王华永（2007）也建议在《会计法》中明确“回避”制度的有关内容。祝小平（2014）提出，国有的和国有资产占控股地位或者主导地位的大、中型企业必须设置总会计师，而事业单位设置总会计师由财政部与相关部委联合协商确定。

在会计人员管理体制方面，多元化管理体制受到了学者的广泛关注。鲁敏（2014）建议采用多元化体制管理会计人员：股份有限公司、有限责任公司、国有企业的会计管理体制采用“公正会计服务制”，即公司的会计主管和总会计师由会计师事务所中具有法律资质的注册会计师担任，他们独立履行会计职责；行政事业单位、人民团体的会计管理体制采用会计集中核算制或者“委派制”；其他合伙企业、私营企业的会计管理体制可维持现有的会计人员聘任制度。陈万瑞（2012）也建议对必须办理会计事务的单位进行分类，以采取不同的管理办法。

（二）关于会计人员的专业能力

顾玲艳和周克俭（2015）认为，《会计法》确定的会计从业资格准入门槛低、缺乏退出机制，导致了会计从业人员迅猛增长、会计人员规模快速扩大，给政府的会计行政管理工作带来了严重挑战；政府应该侧重于对会计人员的准入、退出与违法查处等进行管理，而会计人员的专业胜任能力由各单位自行管理，会计行业协会（或职业组织）应发挥行业管理作用。

牟巧初（2013）认为，越来越多的外来会计资格和会计机构陆续进入我国，且其影响在逐步扩大。但管理这些“洋资格”的法律规范缺失，《会计法》应加强对“洋资格”的监管。

吴守峰（2013）建议增加对会计人员继续教育规定的条款，应把会计人员的继续教育与会计人员评优表彰和会计专业技术资格考评挂钩，使会计人员继续教育政策落到实处。

在会计从业资格认定与管理方面，现行《会计法》与相关规范文件存在矛盾之处。谭小平（2008）发现，财政部制定的《会计从业资格管理办法》与现行《会计法》对“吊销会计从业资格证书”的规定明显存在冲突。

六、研究评述与启示

通过对近些年来与《会计法》主要内容相关的文献进行梳理，笔者发现，学者们在充分肯定《会计法》对我国社会经济发展所起的重要促进作用的同时，也对现行《会计法》的不足、不适应方面进行了研究。总体上看，学者们认为现行《会计法》的立法目标、规范对象以及对会计核算、会计监督、会计机构和会计人员等的规范内容均存在一定缺陷或不足，主要包括：《会计法》对会计资料“真实性”的界定存在歧义；会计人员的监督职能难以落实；政府会计监督边界不清；单位负责人的法律责任界定不明确；信息技术对会计工作的客观影响未能体现；《会计法》条款的原则性不够突出，等等。此外，就已有文献来看，作为《会计法》最重要内容之一的“法律责任”部分的研究文献甚少，说明会计学者和法律学者对会计法律责任问题均关注不够。

我国经济环境的变化使得现行《会计法》的修订迫在眉睫。根据前文的总结分析，笔者认为，在《会计法》修订中，首先，需要对会计工作立法的目标进行认真研究，在充分考虑我国现实经济环境发展对会计工作的客观需求以及会计工作内在规律的基础上，科学界定会计立法的根本目的；其次，要高度重视对会计违法行为的性质及其后果的界定以及会计法律责任问题的研究，构建科学的会计法律责任体系，合理确定会计违法行为的责任主体及其法律责任；再次，充分考虑社会经济环境变化对会计工作从内容到形式的各种深层次影响，在《会计法》中实质性地为解决会计行业所面临的新问题、新情况提供法律依据；最后，进一步完善会计监督机制，在夯实单位内部会计监督的基础上，优化政府会计监督与社会监督的方式、流程与机制，真正提高会计监督效果，彻底扭转我国会计监督弱化甚至缺失的现象。

（本文原载于《财务与会计》2017 年第 21 期，作者为吴德军、史永、陈辉、冉明东、唐国平）

第十二章　我国会计监督现状及优化思考
——基于《会计法》修订的分析

证券市场以及会计的发展历史证明：市场经济越发展，越需要真实的会计信息。然而，会计信息天生具有的“资源配置”功能，使之成为不少趋利者逐利的工具。2017 年 2 月，证监会公布 2016 年 20 大典型违法案例，其中就包括辽宁振隆特产 IPO 财务造假主动申请撤回材料、欣泰电器使用虚假财务报告涉嫌欺诈发行，而康华农业借壳步森股份亦成为证监会查处的首例重大资产重组财务造假案。2017 年 6 月，审计署公布了 20 家中央企业 2015 年度财务收支审计结果，此次审计发现，部分央企经营业绩不实，虚增经营业绩；部分央企经营管控仍然比较薄弱，因违规决策、决策失误或管理不善等造成国有资产重大损失。可见，无论是上市公司所在的资本市场还是国有企业，会计造假事件都屡禁不止，会计信息失真问题的严重性已是社会公认的一个事实（陈小悦等，2000），这也暴露出我国的会计监督制度存在明显缺陷。

会计信息造假在一定程度上是会计监督失效所致。在美国，为遏制安然、世通等一系列财务欺诈事件的再度发生，保护投资者以及公众利益，美国国会于 2002 年颁布了萨班斯法案（Sarbanes - Oxley Act），并成立了美国公众公司会计监察委员会（PCAOB），强化对上市公司会计与审计问题的监管。在我国，2016 年 7 月 7 日召开的国务院常务会议针对我国经济领域出现的问题，明确提出了“完善监管机制”的相关要求。笔者认为，遏制会计造假行为，首先应该从完善会计监督制度、强化会计监督措施入手。我国现行《会计法》已经建立起结构较为完整的会计监督体系，但从实际效果来看，会计监督弱化、监督不力甚至监督缺失现象普遍存在。为此，在2016年年初开始的财政部课题“我国《会计法》修订相关问题研究”的调研工作中，课题组特别关注我国会计监督现状及其优化问题的研究，并经过反复论证，形成了一些初步研究成果。

一、从《会计法》问卷调查结果看我国会计监督现状

为了解包括会计监督问题在内的我国《会计法》及其实施现状，课题组通过网络方式进行了一次全国范围的问卷调查，以听取会计人员及相关人员对现行《会计法》实施现状的看法和修改建议。调查问卷共计107题，其中，单选题96题、多选题10题、开放式问题1题，共计90余万人参加。在问卷设计的调查问题中，与会计监督有关的问题共10题，内容涉及内部会计监督与外部会计监督、会计控制、内部控制与内部审计等。从问卷调查的统计结果来看，我们认为其基本反映了我国会计监督的现实情况。

（一）对会计监督问题的熟悉程度

会计监督是《会计法》规范的重要内容之一。就现状看，我国的会计监督体系由单位内部会计监督、外部政府会计监督和外部社会会计监督（如会计师事务所）等构成。就监督内容而言，单位内部会计监督主要关注单位的会计行为及其相关的财务行为和经济行为是否合法、合规；政府会计监督主要关注各单位的会计行为及相关行为是否符合《会计法》及相关法律法规的规定；外部社会会计监督是注册会计师依据《会计法》、国家统一会计制度以及相关执业标准等对单位的会计信息（会计报告）质量进行鉴证，并出具专业意见。值得注意的是，单位内部的会计监督与会计控制、内部控制、内部审计等存在着“千丝万缕”的联系。

《会计法》实施的前提条件是会计人员以及相关人员对会计监督等内容及其法律要求足够熟悉，此次《会计法》修订问卷调查中被调查者对“会计监督”内容熟悉程度的统计结果显示，被调查者对现行《会计法》中“会计监督”内容“非常熟悉”和“熟悉”的人数分别占到18.28%和52.24%，二者合计占比为70.50%，但仍有近30%的会计人员对“会计监督”的内容并不太熟悉，这无疑会影响到会计监督工作的实际效果。

（二）关于会计监督规范的基本观点

1.《会计法》对会计监督问题应否规范以及如何规范。从实施情况看，我国会计监督面临许多问题。就单位内部会计监督而言，单位负责人和会计人员的关系在一定程度上影响了会计人员履行监督职能，会计人员的聘用由单位负责人决定，其人事关系、经济等都依附于单位与单位负责人，要求会计人员独立进行会计工作、监督单位负责人并不现实。或者说，单位的会计人员实际上并不具备监督者应有的独立地位，其利益往往从属于所在单位，因而会使会计监督流于形式（吴守峰，2014）。因此，问卷就“《会计法》是否应该对会计监督进行规范”进行了调查。从调查结果来看，97%以上的被调查者认为《会计法》应该对会计监督问题进行规范，但究竟是采用原则性的规范方式还是具体化的规范方式则存在分歧，人数大致各占一半。这说明绝大多数被调查者都认为会计监督十分重要，《会计法》应当予以规范，但规范的方式或详细程度需要斟酌。

2. 如何界定政府会计监督的主体。从现行《会计法》的实施情况看，政府部门对单位的会计监督存在“多头监管”现象，因此，如何规范政府的会计监督行为是此次《会计法》修订需要解决的问题。针对外部监督中存在的“多头监管、职责不明、效率低下”等现象，有学者建议《会计法》应当赋予单一部门进行外部会计监督（张鸣等，2003）。为此，在问卷中专门对“由谁来牵头外部会计监督”问题进行了调查，结果如表1所示。在被调查者看来，认为财政部门、税务部门、审计部门适合作为政府会计监督牵头部门的人数基本相当，占比均在20%～24%，也说明在这一问题上分歧较大。从现行《会计法》确立的会计行政管理体制来看，财政部门应该是政府会计监督的主体，但问卷调查的结果表明，如何强化财政部门的政府会计监督主体地位、发挥财政部门在政府会计监督中的作用，还“任重道远”。

表1　“外部监督”牵头部门调查情况表

	选项	频数	有效比例	累计比例
会计行政监督职能部门	财政部门	800 887	23.66%	23.66%
	税务部门	706 857	20.88%	44.54%
	审计部门	759 933	22.45%	66.99%
	人民银行	313 104	9.25%	76.24%
	证监部门	291 493	8.61%	84.85%
	银监部门	287 214	8.48%	93.33%
	保监部门	218 093	6.44%	99.77%
	其他	7 973	0.24%	100.01%

3.《会计法》是否应当规范外部会计监督行为。外部会计监督包括法律授权的注册会计师审计监督、财政部门对单位会计行为的监督与政府业务监督部门（如审计、税务、银行、证监等）在业务监督过程中对单位会计行为的监督检查，以及社会公众、新闻媒体等对单位会计行为的监督等。然而，在实施外部监督的过程中，各部门只是从自身需要出发对各单位的会计资料进行监督，信息共享程度不高以至于并未达到预期效果（吴联生，2000）。而且，一方面重复检查造成“一事再罚”，与《行政处罚法》中“一事不再罚”的基本原则冲突，增加监督成本，形成资源浪费（邱泽新，2005；高莲盛，2007；边静如等，2015）；另一方面会计监督“多头管理”往往会造成真正违反《会计法》的会计违法行为没人追究，实际上形成《会计法》的执法空白，而且各部门对于最后责任的承担还存在推诿现象（刘萍，2003；牟巧

初，2013）。为此问卷专门对"《会计法》是否应当规范外部会计监督行为"进行了调查。从调查结果看，高达95.6%的被调查者认为《会计法》应对外部会计监督工作人员的行为进行规范。

4.《会计法》是否应当加大会计监督与处罚的力度。《会计法》是实施会计监督的法律保障。就我国现实情况看，会计监督弱化甚至缺失是一个普遍现象，因而出现了大量的会计造假案件，特别是为数不少的中央企业依然存在虚构经营业绩、国有资产流失损失等现象。这与我国现行《会计法》责任界定不清、处罚偏轻、威慑力不够相关，而美国萨班斯法案的重要特征之一就是加重加大对违法行为的处罚（特别是经济处罚）力度。问卷针对是否应当加大处罚力度进行调查的统计结果显示，有92.78%的被调查者认为我国《会计法》应当加大对会计违法行为的处罚力度。

（三）对与会计监督相关的会计控制、内部控制、内部审计的基本观点

从理论上看，会计控制制度和内部控制制度是会计监督的基础或依据，内部审计与内部会计监督相互协调、互为补充。单位内部的会计控制制度主要是为了保证会计信息质量以及经济活动的合规性、有效性而作出的一种制度安排；内部控制制度是基于整个组织的发展目标与战略，为确保各项重要管理活动的合理性和科学性、防范管理风险，就相关权力分配与责任认定等所作的一种制度安排；内部审计是为了实现组织的管理目标，而对组织的各项管理行为（包括会计行为等）是否符合事前设计的流程或标准进行审视、检查。基于此，问卷也对会计控制、内部控制和内部审计是否应该加以规范进行了调查。从调查结果看，分别有97.89%、97.74%和97.54%的被调查者认为《会计法》应该对会计控制、内部控制和内部审计进行规范，只有2%多一点的被调查者认为可以不作规范。这说明绝大多数被调查者认为会计控制、内部控制和内部审计都与会计工作及其质量密切相关，需要以法律形式规范其行为。

二、进一步完善我国会计监督制度的基本思路

我国的会计理论研究与会计实务工作一直把“核算”和“监督”作为会计的两项基本职能（杨纪琬等，1998），但在市场经济以及会计与管理学科日益发展的今天，需要会计理论工作者和会计实务工作者更加理性、科学地认识会计工作的职能。然而在市场经济环境下，单位个体为其利益相关者以及政府宏观管理者提供有利于其经济决策的会计信息，以及将会计信息与会计方法用于对微观组织的财务活动乃至经济活动进行制约、控制、监督等，是会计及会计工作在服务和促进经济活动与经济发展中的主要职能和客观作用。基于对单位财务行为与经济活动合规性实施有效控制的目的，笔者认为，应该从以下方面完善我国的会计监督制度、强化会计监督工作。

（一）构建科学的会计监督体系

科学的会计监督体系应该明确会计监督主体与客体、监督内容与标准、监督行为的运行机制与制约机制等。笔者认为，从监督主体来看，我国的会计监督包括单位内部会计监督和外部会计监督。单位内部会计监督是单位个体自身利用会计方法对其财务及经济活动进行的监督，它是整个会计监督体系的核心与基础性内容。单位外部会计监督是单位外部利益相关者对单位个体会计行为的监督。外部会计监督按监督主体不同，可以分为政府会计监督、社会中介机构会计监督（如会计师事务所）、公众以及媒体监督等。外部会计监督的特征是“法律授权”和“社会认可”，前者如政府会计行政管理部门的会计监督和依照《会计法》以及《注册会计师法》实施的注册会计师审计监督。曾经有不少学者将外部会计监督诠释为“监督会计”，也有学者认为其不属于会计监督的范畴。但笔者认为，从会计监督的“初衷”（监督单位经济行为的合规性）以及监督制度的逻辑安排（即监督与被监督“共生”）来

看，外部会计监督是会计监督体系不可或缺的内容。

在会计监督体系构建方面，我国现行《会计法》存在的主要问题是外部会计监督主体及其权责等没有明确界定，如政府“会计监督”与“业务监督”相混淆、不同主体的外部会计监督的边界不清等。笔者认为，本次《会计法》修订中应该根据社会经济发展需要进一步明确外部会计监督的主体及其监督职责的边界，如明确区分政府会计监督主体与政府业务监督主体及其监督内容，同时根据会计信息的“公共属性”特征和“利益相关者”原则，可以考虑将社会公众、新闻媒体等纳入外部监督范畴。

（二）合理界定内部会计监督的内容

对特定经济组织而言，内部会计监督是会计工作的重要职能之一。内部会计监督的主体是会计机构与会计人员；会计监督的对象是经济组织所发生的与价值相关的经济活动；会计监督的内容是经济组织与价值相关的经济活动是否符合既定的行为标准，而这些标准既包括法律以及政府的政策，也包括经济组织自身设定的相关行为标准；会计监督的目的是确保经济组织的相关经济活动“合规”。就企业经济组织的市场主体特征而言，企业组织的内部会计监督将会与其内部控制机制高度融合，从企业个体整体及发展趋势来看，会逐步表现出由监督“进化”为自律的一种机制和趋势。

在内部会计监督方面，我国现行《会计法》存在的主要问题是对内部会计监督的范围界定不清，导致在实际工作中内部会计监督不力或者流于形式，从而造成不少企业包括资产管理在内的内部财务管理混乱。我国现行《会计法》第二十七条规定了“各单位应当建立、健全内部会计监督制度”，但仅仅涉及“会计内部牵制”“重要财务事项”“财产清查”和“内部审计”四方面内容，且内容过于简单。笔者建议，本次《会计法》修订中应当对内部会计监督的内容进行明确，为单位内部会计监督制度的建立提供充分的法律依据，为切实提升内部会计监督的实际效果提供强有力的法律支持。就经济组织的经济活动来看，内部会计监督的内容既包括投融资、担保、资产处置、资金调度等财务活动，也包括与采购、销售、研究与开发、工程项目、合同、预算等相关的资金收付行为；就监督工作本身而言，内部会计监督的内容既包括会计监督的层级设置、程序、方法、标准等，也包括会计监督的结果处置、信息反馈等。

（三）明确界定政府会计监督的主体

从经济学的角度看，会计信息生产者与需求者之间的信息不对称性、会计信息功效上的外部性以及公共商品属性，属于会计意义上的“市场失灵”（Gonedes et al.，1976），会计监督是对市场失灵的补救，以政府为主导的独立外部监管模式，其蕴涵的理念是市场失灵应该被视为政府管制介入的必要条件，而非充分条件。因而，从理论上讲，政府会计监督十分必要。

从我国现行的会计行政管理体制来看，国务院财政部门是我国会计工作的行政主管机关，因此，财政部门理所当然也是政府会计监督的主体。财政部门作为我国会计工作的行政主管机关和监督主体，其主要职责是对全国范围内的会计工作“秩序”进行管理，对各会计主体（即各单位）的会计工作质量（其主要标志是“会计信息质量”）进行监管。然而，在实地调研中，来自基层单位的会计人员抱怨最多的就是会计工作的“多头监管”现象——除财政部门的会计检查外，单位还要接受来自税务、审计、人民银行、证券监管、保险监管等政府部门开展的监督检查。如我国现行《会计法》第三十三条规定，“财政、审计、税务、人民银行、证券监管、保险监管等部门应当依照有关法律、行政法规规定的职责，对有关单位的会计资料实施监督检查”。这一现象是由于现行《会计法》忽略了政府“会计监督”与政府“业务监督”的区别，将二者混为一谈而导致的。

笔者认为，政府对会计行为的监督主体只能是财政部门，即政府财政部门对单位会计行为的合法性、合规性以及会计信息质量进行监督检查。而政府审计、税务等部门对单位的经济监管是“业务监督”，尽管这些经济监督通常需要“借助”于单位的会计资料等得以实现，但其本质上并不属于“会计监督”。比如，《审计法》第二条明确规定，政府部门的“财政收支”、国有单位或组织的“财务收支”必须接受国家的“审计监督”。显然，国家审计的根本目的不是会计资料或会计信息质量，而是财政、财务收支的合法性、合规性。同样，税务监督、银行监督等的目的也不是会计资料或行为。因此，本次《会计法》修订中应该为政府会计监督“正本清源”。与此同时，产生了另一个重要问题，即政府经济监管部门在实施监督检查的过程中，如何实现监督信息“共享”？这是需要我国政府管理部门站在更高层面考虑的问题。

（四）进一步完善会计监督机制

会计监督机制是指会计监督体系的结构、功能及其相互关系，包括内部会计监督与外部会计监督各自的功能及其相互关系，政府会计监督、注册会计师会计监督以及新闻媒体监督等各自的功能及其相互关系。现行《会计法》初步构建了一个基本完整的会计监督体系框架，但就会计监督机制而言，尚存在诸多不足。比如，外部会计监督中的注册会计师审计监督由于经济利益驱动机制，使得监督效果“大打折扣”，因此，究竟如何发挥会计师事务所等中介机构的监督作用，以及如何厘清注册会计师审计监督与政府会计监督等关系，在此次《会计法》修订中需要认真考量。又如，在单位的内部会计监督中，总公司与分公司之间、母子公司之间、事业单位的行政或业务主管部门与基层单位之间的会计监督关系究竟如何界定、如何有效实施，也是本次《会计法》修订需要考虑的重要问题（现实工作中这种“上下级”之间的会计监督弱化已经导致不少国企甚至央企出现大量的国有资产流失或损失现象）。

（五）处理好会计监督与会计控制、内部控制、内部审计等的关系

会计监督是单位管理控制体系的重要组成部分，与会计监督密切相关的控制系统包括会计控制、内部控制以及单位的内部审计等。笔者认为，随着社会的进步以及管理控制理论的创新与发展，企业的管理控制体系会不断进化，且愈加科学。就目前来看，我们应当科学、理性地认识并处理好会计监督与会计控制、内部控制以及内部审计的关系，对会计监督进行科学规范。

就个体经济组织（如企业）而言，会计控制是利用会计方法对经济活动实施影响，使其按预定目标发展。从理论上讲，单位内部的会计控制在内容上包含了会计机构与会计人员依据法律法规以及单位自身设置的各种规则或标准对经济活动合法性、合规性、有效性等的检查与纠正，这其中已经包含了单位内部的会计监督。因此，在单位个体内部，会计监督与会计控制是有机融合的，而且随着单位个体“价值最大化”整体目标实现的要求，单位内部基于不同部门目标的各种监督机制会渐变为基于单位终极目标的自律性控制机制。其实，由具有被动特征的他律性监督转化为具有主动特征的自律性控制，是管理行为一次“质”的飞跃，是个体管理理念与行为的一种跨越式发展。强调“他律”的会计监督发展为体现“自律”的会计控制，理应亦是如此。

会计监督更多地表现出对经济行为的“约束”作用，而会计控制除此之外还具有“促进”作用，即促使经济活动达到预期目标。如单位应用管理会计的目的就是实现其总体目标（终极目标），现代管理会计的基本特征是突破“价值计量”瓶颈、渗透至单位经营管理各个方面、促进单位实现价值增值。管理会计实质性体现了现代会计的控制职能。

从约束功能来看，会计监督、会计控制都应该内含于单位的内部控制之中，内部控制是个体单位整体管理行为的一种具有全面性的自律性约束机制。因而，内部控制不仅是单位保证会计信息质量的制度基础，

也是对单位经济活动实施有效管控的制度安排。内部控制制度的最大优势是规范管理行为，防范管理风险，从而促进管理效率提升。内部审计是单位的内部审计部门依据公认的和单位自身确定的规则与标准（包括内部控制标准）对业务活动及其效果进行评价。从单位整体行为来看，内部审计也是一种监督、控制活动，其包括了对单位会计行为的监督。

（本文原载于《财务与会计》2017 年第 21 期，作者为唐国平、刘忠全、刘金洋）

第十三章　我国会计法律责任研究
——基于《会计法》修订视角

党的十八届三中全会以来，我国沿着“改革—法治”的发展路径逐步理顺政府与市场、经济与法治的基本关系。《会计法》是以处理会计活动所产生的各种经济关系为调整对象的法律规范，直接关系着会计活动及其所涉及的经济活动的公平与效率问题。迄今为止，现行《会计法》经历两次修订后已经施行了近十八年的时间，其间由于社会经济环境的变化，会计工作中出现了信息失真、监督失控、法律运作机制欠缺等一系列问题，均与会计法律责任的“疲软”直接相关。据此，本文以会计法律责任的独特性为切入点，对我国现行《会计法》所界定的会计法律责任的缺陷、改进思路等进行系统的分析、论证，并提出相应的修订建议。

一、《会计法》法律责任修订的实现路径：破旧与立新

通说认为，按照侵犯法益性质的不同，法律责任分为行政责任、刑事责任与民事责任。然而，我国现行《会计法》仅规定了会计违法行为的行政责任与刑事责任。在已有的责任框架下对这两种责任进行完善，回应社会经济的新形态、融入新元素，此为“破旧”；同时，以会计民事责任的建构为核心，在《会计法》中引入会计主体对第三人的赔偿制度，此为“立新”。

会计行政责任“破旧”的症结在于，其处罚力度已远不能适应现

代社会的财富水平。会计刑事责任“破旧”的症结在于，受制于“罪刑法定”原则，《会计法》中列举的会计犯罪情形难以在《刑法》中得到落实。

“破旧”之后更要“立新”。随着我国市场经济的发展与国家信用体系的建设，市场主体对会计信息质量的要求不断提升，但失真的会计信息却不断挑战着市场信用的底线。会计民事责任以最大限度市场化的方式矫正会计信息失真带来的负外部性，能够有效完善信用体系并推动市场经济发展。缺失民事责任的会计法律责任体系是“跛足”的，在市场经济改革、发展的新形势下，难以满足经济活动对法律供给的需求。所以，应以“破旧”为基础、以“立新”为重点，契合《会计法》修订的总体思路，完善《会计法》法律责任部分的规范。

二、我国现行《会计法》法律责任的问题剖析

近些年来，形形色色的会计造假事件层出不穷，各种会计违法行为已经严重影响到了会计信息使用人的利益和我国市场经济发展的正常秩序。从现实情况来看，我国现行《会计法》法律责任存在的不足无疑在很大程度上纵容了这些会计违法行为的发生。

（一）责任主体的缺漏

责任主体是法律责任的重要构成要件。现行《会计法》将单位、单位负责人与会计从业人员作为主要的责任主体，并辅之以“直接负责的主管人员”和“其他直接责任人员”进行责任主体范围上的兜底。但《会计法》关于“单位负责人”的表述在不同条文中存在不一致的情况。另外，《会计法》只关注会计主体内部的责任主体，缺乏对代理记账机构代理记账情形的关注。

（二）行政责任威慑力不足

《会计法》法律责任部分主要对会计行政责任进行了规定，而行政

责任的威慑力不足是《会计法》被“架空”的主要原因。从法律体系协调的角度看，《会计法》对会计违法行为的处罚力度明显低于《公司法》《证券法》等法律规范，不仅缺乏威慑力，也不利于法律体系的协调。

“法律——这种正式制度安排的存在，一方面威慑着人们，使他们尽可能去遵纪守法；另一方面增强了人们对未来的合理预期。可以说，法律制度安排的不同，人们的行为方式必然也将呈现巨大的差异”（杨德才，2016）。关于会计行政责任的制度安排是会计行为主体选择违法的诱因之一，过轻的处罚力度难以形成有效的威慑，合理提高处罚力度必然将影响会计行为主体的行为方式。

（三）刑事责任与《刑法》的规定不相协调

在犯罪构成要件的内容上，我国《会计法》和《刑法》的规定存在不协调现象。现行《会计法》在“法律责任”部分明确了六类会计违法犯罪应当承担刑事责任的情形，而本应与其相衔接的《刑法》却只有少数几条的规定。《刑法》（第一百六十二条）认定的会计违法行为及其法律责任的内容，仅为《会计法》第四十四条所列情形。因而，我国《刑法》中认定的会计违法犯罪行为类型偏少，无法对《会计法》中刑事责任的规定提供有力的支撑，使得《会计法》中很多关于会计刑事责任的规定无法落到实处。

（四）赔偿制度的立法缺位

现行《会计法》带有经济转型时期的明显特征，计划经济色彩较为浓厚，法律责任部分以“罚”为主，缺少对会计违法行为受害人的救济规范。我国《会计法》统筹规范“商业会计”与“政府会计”，应分别针对两者建立会计主体对第三人的赔偿制度。

《会计法》民事责任的建构能够有效应对“商业会计”赔偿制度的立法缺位问题。“刑事责任和行政责任主要体现的是惩罚，而民事责任主要体现了补偿”（王雄元，2003）。按照英美法系“救济先于权利”的理念，会计民事责任的立法与运行是会计信息使用者完整享有使用会计信息相关权利的预设条件。实务中，《会计法》中民事赔偿制度的缺失，也确实导致了会计信息使用者在遭受经济损失时，难以获得有效救济。因而，会计民事法律责任具有其自身的独立价值，确需在《会计法》中建构专门的会计民事责任，这在理论界也形成了基本共识。

与我国会计法律责任重“行”轻“民”的现状不同，欧美发达国家会计法律责任制度发展较为完善，会计民事责任也作为其中不可或缺的一部分被立法所确立。英国《公司法》和德国《商法典》都有关于会计民事责任的规范。可见，会计民事责任的价值与地位也为域外立法所认可，我国关于会计民事责任制度的建构也可从中汲取经验。

会计民事责任只能够对“商业会计”中的受害人实现救济，而“政府会计”中，由于国家机关的特殊主体地位，需要与民事责任并行，引入国家赔偿责任。

三、《会计法》法律责任修订的理念解析——基于学科交融的视角

会计法律规范是以法学思维去规范会计主体的会计行为，其不可避免地要与会计学思维乃至经济学、管理学思维发生交融与碰撞。所以，《会计法》的修订应当审视现代市场经济以及会计行业实践中对法律规范的反馈，将会计活动和现代市场经济的内在规律融入《会计法》法律责任部分修订的理念之中。

（一）法律责任的定性分析：会计目标分析

会计行为主体最终追求的是会计目标的达成，会计目标的实现即是所有会计行为主体“当为的义务”。如果未能实现会计目标，就可认为是对义务的违反，需要承担法律责任。会计学界对会计目标的理论历来

存在两种观点，即受托责任观和决策有用观。在受托责任观下，会计目标是报告和解除受托责任，会计本身便是资源管理人受托责任的一部分，同时会计又需要通过会计信息的形式向资源所有人报告受托责任的完成情况，以解除会计工作的受托责任，瑕疵或虚假的会计信息会造成受托责任无法解除，进而产生法律上的责任。在决策有用观下，“会计的目标就是向信息使用者提供有利于其决策的会计信息，它强调会计信息的相关性和有用性”（邓超清等，2002）。此时，违反会计义务所承担的法律责任不再受限于受托关系的框架，责任对象变得更加广泛，责任性质也变得不再确定。

会计目标理论在法律责任上的映射是两种学科交融的体现，应当找到会计目标理论与法律责任的最佳契合点。相较而言，决策有用观与法律责任的理论更加契合，但法学并不能替代会计学去选择会计目标理论。

在我国现阶段，我国资本市场的自由度、信息流动的有效性等都远未达到美国证券市场的发展水平。这一背景下，我国会计目标定位应结合资本市场的发展水平逐步向决策有用观转变，但同时又不能完全舍弃受托责任观。因此，两种会计目标理论的融合、互补也要求其在会计法律责任上的映射体现出各自的优势，弥补各自的局限性。

（二）法律责任的定量分析：成本—效益分析

与法学对多元价值的关注不同，经济学聚焦于效率价值，其在作出决策时总是通过量化分析来评估作为或不作为的选择。“以经济学的视野，利用经济学的成本与收益理论，在制度安排上使违法成本倍增、违法收益减小的方法，作为遏制违法的手段，应是立法、司法中注重考量的问题”（陈伯礼等，2010）。违法成本与收益及相关概念之间的关系可以用图 1 加以说明（陈伯礼等，2010）。

从图 1 中可以清楚得出“违法收益”“违法成本”“违法行为”以及“违法责任”四者之间的关系。在《会计法》修订中，能够直接影响的因素是违法责任。违法行为的动机是获得违法收益，而对违法行为进行负面评价而产生的违法责任则会影响违法收益的最终结果，只有违法责任带来的违法成本能够与违法收益相抵充甚至使收益变为负值时，违法责任才能对行为主体产生足够的威慑力。

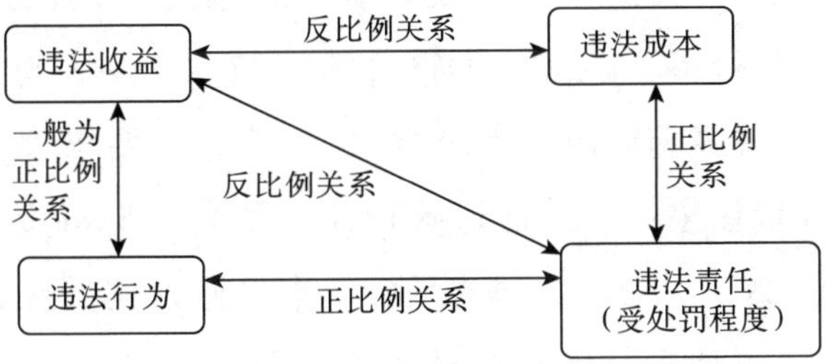

图1 违法成本与收益及相关概念的关系

同时，从受害方的角度观察，违法行为所侵害的价值与违法成本之间的关系也应进行考察。“在确定违法行为的成本时，要考虑三个价值的大致平衡，一是违法行为所损害的价值，二是法律所保护的价值，三是违法行为人因为违法行为要支付的成本的价值”（游劝荣，2006）。

（三）法律责任建构的体系化分析

在学科交融的视野下，要求会计法律责任的构建要考虑更高维度的多学科、多职业以及多部门的协调，以及整个会计法律规范体系的协调运行。关于会计法律规范的体系构架，已有学者从产权会计入手，提出了以《宪法》作为进行规制的根本大法，采用民商法的主体结构，并以会计专门法规作为整个会计法律责任基础的四个层次的会计法规体系的思想（郭道扬，2004）。会计法律责任体系作为会计法律规范体系的子系统，同样应当遵循这种体系构架。

在《会计法》法律责任修订时，应充分考虑与其他部门法中会计法律责任之间的协调问题。具体而言，尤其应当注意与《刑法》《证券法》《公司法》《税收征收管理法》《注册会计师法》等法律之间关于责任力度、处罚形式、责任类型的协调与互补，以体系化的视角完成

《会计法》法律责任部分的修订。

四、关于《会计法》法律责任修订的建议

《中共中央关于全面推进依法治国若干重大问题的决定》指出，“法治建设还存在许多不适应、不符合的问题，主要表现为：有的法律法规未能全面反映客观规律与人民意愿……”，并要求“推进立法精细化”。针对会计责任主体、会计行政责任以及会计刑事责任而言，现行《会计法》已经奠定了较为合理的基础，本次修订主要应在“立法的精细化和科学化”下功夫；针对会计民事责任，则应当在会计法律责任体系框架下明确《会计法》的定位，实现其基础性和兜底性的功能。

（一）责任主体

《会计法》法律责任的主体主要有单位、单位负责人、会计从业人员以及其他人员，关于“单位负责人”和“代理记账机构”这两个责任主体的问题是法律责任部分修订的重点。

1. 明确“单位负责人”在“法律责任”部分的表述。现行《会计法》对会计法律责任主体的表述存在不一致的情形，如第四条、第二十一条规定了单位负责人对会计资料的真实性和完整性负责，而第六章则将会计法律责任主体表述为“直接负责的主管人员和其他直接责任人员”。因此，建议在《会计法》“法律责任”部分将“单位负责人”这一表述单列，明确其会计法律责任主体的身份。

2. 将代理记账机构纳入责任主体的范围。代理记账是指代理记账机构接受委托办理会计业务。现行《会计法》第三十六条用“中介机构”表述代理记账机构并不准确，并且在法律责任部分并未涉及“中介机构”的责任。在行政责任方面，代理记账机构与单位内部的会计从业人员功能上具有相似性，可依照会计从业人员的规定。在民事责任上，代理记账机构与会计单位不具有隶属关系，两者都是独立的主体。

基于这点考虑，代理记账机构宜与会计单位承担连带责任，这也能够提高受害方的追偿可能性。

（二）行政责任

《会计法》行政责任修订的重点在于，通过立法的精细化和科学化使会计行政责任的处罚力度能够符合当前经济的发展水平。具体而言，此次《会计法》法律责任部分的修订应从责任的形式和力度入手。

1. 完善行政责任的承担方式。《会计法》中有关财产罚的形式仅为罚款，没有“没收违法所得”。从法理来讲，应在对会计违法行为主体处以罚款之前，没收其违法所得。违法主体实施会计违法行为所获收益可能是巨大的，仅对其处以有限数额的罚款甚至无法抵销其所获收益，法律效果难以实现。对违法所得的没收，也还涉及公共利益和个人利益的平衡保护。

2. 加强行政责任的处罚力度。《会计法》行政责任部分经济处罚的力度已经不能适应目前的经济水平，其中最为突出的问题是罚款数额规定过低。笔者建议在《会计法》修订时，可以直接参照近几年修订的《证券法》《公司法》等法律有关会计违法行为的责任处罚数额，这样不仅可以增强会计法律责任的威慑力，也能实现会计法律责任体系的内在协调。

（三）刑事责任

刑事责任的认定必须按照严格的罪刑法定原则进行，其他部门法都只可作指引性规范。刑事责任要依据刑事法律规范而非会计法律规范进行认定，因此会计刑事责任的落脚点终究只能在《刑法》上。

（四）民事责任

我国现行《会计法》的颁布时间是1999年，当时我国正处于经济体制转型时期，因此其体现了较多的计划经济色彩，即比较重视行政及刑事制裁，轻视民事救济。随着我国社会经济的不断发展，《会计法》民事责任立法空白的弊端愈发凸显，这也使会计民事责任的建构成为此次《会计法》修订不可回避的问题。会计民事责任涉及的主要问题包括：

1. 功能定位：兜底性责任。会计违法行为作为手段行为，其实施目的各有不同。许多目的行为本身可在诸如《证券法》《公司法》等法律中找到民事责任的承担依据，此时应直接适用相关法律。当其他法律没有规定时，应由《会计法》中的民事责任规范发挥基础性和兜底性的功能。

2. 责任主体：单位。在“商业会计”中，单位是会计信息对外输送的主体，单位内部会计信息生成过程并不会受到民事责任的评价。《注册会计师法》第四十二条同样将民事责任的承担主体限定于会计师事务所（即单位）。

3. 举证责任分配：过错推定。过错推定即举证责任倒置，由单位和代理记账机构证明其无过错才可免责。依“危险领域说”，会计信息往往掌握在单位手中，相对人难以获得足够的证据证明单位存在过错。因此，举证责任应由单位承担，如果单位无法证明其无过错，便需要承担不利后果。

4. 代理记账机构的连带责任。没有条件设置会计机构或基于成本效益原则委托代理记账机构代为处理会计事项的单位，因会计违法行为给利害关系人造成损失，由于其会计事项由代理记账机构办理，因此代理记账机构难辞其咎，应当承担连带责任，在举证责任分配上依然采用“过错推定”。

（五）引入国家赔偿责任的设想

政府会计中，会计民事责任无法实现对受害人的救济，针对公权力机关这一特殊主体，需要引入国家赔偿责任。“国家赔偿责任脱胎于民事责任中的侵权责任，与民事侵权赔偿都以权利救济为目的，同属损害赔偿范畴”（江必新，2013）。国家赔偿责任是对会计民事责任的补充，与之相互协调，共同构建会计行为主体对第三人赔偿制度。

由于《会计法》民事责任具有兜底性责任的功能定位，在确定会计违法主体对第三人承担赔偿责任的规范依据时，应当首先指向其他法律中的相关规范，指向的对象既可以是民商事法律，也可以是《国家赔偿法》，这能够将国家赔偿责任和民事责任在区分的基础上进行统一。

（本文原载于《财务与会计》2017 年第 21 期，作者为黎江虹、吴京辉、金恩雨、唐国平）

第十四章　会计立法国际比较及其对《会计法》修订的启示

一、不同国家会计立法的比较分析

（一）不同国家会计立法内容与特征比较

以我国现行《会计法》规范的内容为基础，结合会计学科与会计实践情况，本文区分对会计记录（凭证与账簿）的规定、对会计确认与计量的规定、对会计报告的规定、对会计年度的规定、对会计监管的规定、对会计人员管理的规定、对内部控制和管理会计的规定、对法律责任的规定等多个方面，归纳了不同国家会计立法的主要内容及其差异，结果如表1和表2所示。

表1　　　　不同国家会计立法内容的比较（一）

国家	法律类别	对会计记录（凭证与账簿）的规定	对会计确认与计量的规定	对会计报告的规定	对会计年度的规定
美国	《萨班斯－奥克斯利法案》《统一商法典》《破产法》《破产改革法案》《1933年证券法》《1934年证券交易法》《公司法》；《预算与会计法案》《首席财务官法案》	不得损毁、伪造、篡改会计记录	无强制要求（由会计准则规定）	不得提供虚假或欺诈的信息	无强制要求

续表

国家	法律类别	对会计记录（凭证与账簿）的规定	对会计确认与计量的规定	对会计报告的规定	对会计年度的规定
英国	《公司法》《破产法》《政府资源和会计法》《统一基金法案》	会计记录的基本要求，保存时间与地点；账簿设置与登记的要求；差错更正的要求	无强制要求（由财务报告准则规定）	真实与公允；对董事会报告与董事薪酬报告的规定	董事会决定；除首个会计年度外不得超过12个月；母子公司保持一致；多数为4月1日—3月31日
加拿大	《商业公司法》《商法》	会计记录保存地点与时间	无强制要求（由会计准则规定）	财务报告（含合并报表）的披露、提供	无强制要求
澳大利亚	《公司法》《证券和投资委员会法案》《财政管理法案》	会计记录要求、语言、保存时间和地点等	无强制要求（由会计准则规定）	财务报告（含半年报）内容、披露时间、审计等	董事会决定；除首个会计年度外不得超过12个月；母子公司保持一致；多数为7月1日—6月30日
法国	《商法典》《商事公司法》《会计法》	账簿的设置与核对，凭证保管；对会计账簿的详细规定	估价方法的一致性要求，规定了固定资产折旧、存货计价等	会计报告的内容与具体项目等详细规定	《会计法》规定采用历年制会计年度；特殊情况可以例外
德国	《商法典》《股份有限公司法》《有限责任公司法》《合作企业法》	会计账簿等的详细规定	使用欧元与货币换算的规定	会计报告的详细规定	历年制会计年度（预算年度）
日本	《商法》《证券交易法》《法人税法》《财政法》	账簿设立与使用的原则性规定，账簿登记、保存	涉及资产与负债的计价问题	资产负债表披露的具体要求；列示语言要求	对会计年度无强制规定；多数为4月1日—3月31日

续表

国家	法律类别	对会计记录（凭证与账簿）的规定	对会计确认与计量的规定	对会计报告的规定	对会计年度的规定
俄罗斯	《会计法》等	会计凭证与账簿的详细规定	对会计准则的制定有详细规定	会计报表的详细规定	历年制会计年度

表2　　不同国家会计立法内容的比较（二）

国家	法律类别	对会计监管的规定	对会计人员管理的规定	对内部控制和管理会计的规定	对法律责任的规定
美国	《萨班斯－奥克斯利法案》《统一商法典》《破产法》《破产改革法案》《1933年证券法》《1934年证券交易法》《公司法》；《预算与会计法案》《首席财务官法案》	SEC与PCAOB负责上市公司监管；GAO负责政府会计监管	规定了政府部门CFO的职能	建立和保持内部控制；未涉及管理会计	对会计师事务所及审计人员的处罚，自然人罚款最高75万美元，会计师事务所1500万美元；对公司负责人、首席财务官及相关人员的处罚，最高20年监禁，500万美元罚款
英国	《公司法》《破产法》《政府资源和会计法》《统一基金法案》	英国贸工部和英国财务报告委员会负责对企业的监管；英国审计署（议会下属）和财政部负责对政府部门的监管	无强制规定	法律对内部控制无强制规定，未涉及管理会计	对报告造假进行处罚（民事与刑事），特别是董事的法律责任；对账目和报告未及时报送、公开进行处罚
加拿大	《商业公司法》《商法》	政府司法部门	无强制规定	法律对内部控制无强制规定，未涉及管理会计	不及时提供财务报告的处以罚款

续表

国家	法律类别	对会计监管的规定	对会计人员管理的规定	对内部控制和管理会计的规定	对法律责任的规定
澳大利亚	《公司法》《证券和投资委员会法案》《财政管理法案》	政府的证券和投资委员会负责监管公司企业	首席财务官的签字责任	法律对内部控制无强制规定，未涉及管理会计	民事责任和刑事责任
法国	《商法典》《商事公司法》《会计法》	司法部，法国财政部及国家会计委员会	法律无明确规定	法律对内部控制无强制规定，未涉及管理会计	对不如实反映的处罚包括五年监禁或 250 万法郎罚款；对不按时提供报告等的处罚；对妨碍审计的处罚
德国	《商法典》《股份有限公司法》《有限责任公司法》《合作企业法》	联邦司法部、经济部、财政部	法律无明确规定	法律对内部控制无强制规定，未涉及管理会计	对虚假财务报告的处罚（监禁或罚款）
日本	《商法》《证券交易法》《法人税法》《财政法》	法务省、财政省；政府会计由会计检察院监管	法律无明确规定	法律对内部控制无强制规定，未涉及管理会计	包括行政责任、民事责任和刑事责任
俄罗斯	《会计法》等	对会计监管主体、对象、监管标准等的详细规定	法律无明确规定	对内部控制有强制规定；未涉及管理会计	提供虚假财务信息，区分公民、公职人员和法人按最低劳动报酬的倍数处罚

通过上述梳理和比较，可以得出以下基本结论：

（1）就立法形式看，鉴于会计以及会计信息对于社会发展的重要性，不同国家均以不同形式在法律层面对企业以及非营利组织的会计行为进行了规范，多数国家如美国、英国、加拿大、澳大利亚、德国、日本等，是通过《商法》《公司法》以及《税法》等规范会计行为，而只有少数国家采用了单独制定和颁布《会计法》的方式。在单独颁布《会计法》的国家中，俄罗斯联邦的《会计法》具有较高的法律地位，而法国的《会计法》受制于《商法》及《公司法》，其作用有限。

（2）就立法目的来看，所有国家对会计行为予以立法的目的基本一致，即确保会计记录与报告所披露信息的真实性，且能及时披露。尽管从会计学科与会计实践的发展现状来看，会计行为既包括了向内外部使用者提供财务（会计）信息的行为，也包括对单位价值活动以及业务活动进行控制、参与决策等行为，但会计信息生成与披露仍然是会计工作的基础性内容，而且，基于市场在经济资源配置中的决定性作用，会计信息已经成为市场特别是资本市场正常运行的最重要的决策信息。因此，会计信息质量成为各个国家宏观管理必须关注的焦点，从法律层面对其加以规范也成为必然。

（3）就立法重点来看，所有国家的会计立法均围绕如何确保会计信息的真实性展开，因此，会计立法的重点大多放在对会计记录（包括凭证和账簿）与会计报告上。所有国家均对会计凭证特别是原始凭证和会计账簿的填制、登记、存放地点、保存期限和记录要求等提出了具体的法律要求，大多数国家对会计报告的内容、报送或提交时间、披露语言、货币单位、报告的真实性等要求作出了明确规定。其中，从对会计报告的法律要求来看，美国等会计准则较为成熟的英美法系国家，主要对会计报告的编制结果与信息质量提出要求，而对“编制过程”的要求较少，而大陆法系国家对会计报告及其编制的要求则比较具体、详细。

（4）会计年度是会计立法关注的重要问题。由于会计报告的披露时间与能否满足信息使用者以及市场的需要高度相关，因此，多数国家都对会计年度作出了法律层面的规定。规定的内容主要是会计年度的时间长度（不超过 12 个月）以及起止日期（包括企业成立的第一个会计年度的起止时间以及后续会计年度的起止时间），但除德国和俄罗斯要求采用历年制会计年度外，其他西方主要国家对会计年度的具体起止日期没有强制性规定，而往往由公司董事会来决定。

（5）会计违法责任得到应有重视。所有国家的会计立法中都对会计违法行为设定了法律责任，包括行政责任、民事责任和刑事责任，但具体处罚方式存在差异。所有国家主要是对提供虚假会计报告进行处罚，其次也包括对不及时提供会计报告的情况进行处罚。处罚的对象包括自然人个人（包括单位负责人如公司经理、会计机构负责人如首席财务官、一般会计人员和其他相关人员）和法人组织，既有会计人员也有审计人员（注册会计师），既有企业也有提供会计与审计服务的会计师事务所。处罚最为严厉的当属美国 SOX 法案，如对个人最高可以处 20 年监禁、500 万美元的罚款。

（6）内部控制似乎没有得到足够重视。除美国的 SOX 法案和俄罗斯《会计法》明确了必须建立有效的内部控制制度之外，其他国家的法律没有明确涉及。主要原因可能是，首先，COSO 报告早在 1992 年就已经发布，企业遵循其确立的内部控制“整合框架”与流程应该已经成为“惯例”；其次，内部控制是基于单位整体目标的自律性约束机制，是单位所有活动的自我控制机制，而不仅适用于会计及其相关活动的控制，因而也无需在会计立法中加以体现。

（7）会计确认与计量不是会计立法关注的重点。除法国和日本在相关法律中对资产计价等计量问题有所涉及外，多数国家的会计立法中都不对会计确认和会计计量提出明确要求。可以理解为，会计确认与计量是会计准则（或制度）规范的重点，从理顺会计法律与会计准则的关系来看，其不适于在会计法律层面作出具体规范。

（8）会计从业人员管理不是会计立法关注的重点。除美国、澳大利亚等国家明确规定了首席财务官等会计工作负责人的法律责任之外，其他国家一般没有在法律层面对单位内部会计人员的管理问题提出明确的法律要求[①]。从理论上讲，企业会计人员属于单位内部的“员工”，

① 对注册会计师的管理有法律层面的明确要求。

如何对他们进行管理属于企业自己的事情。这种认识的出发点是认为企业是一个独立的市场主体。但部分国家（主要是大陆法系国家）对政府部门会计人员的任职资格、专业能力有法律层面的明确要求。

（9）管理会计没有相应的法律规定。从各国现有法律来看，在法律层面对管理会计行为予以规范的做法暂时没有。主要原因应该是管理会计行为自身的“个性化”特征，以及管理会计信息不像财务会计信息那样具有社会意义上的“公共属性”。

（10）对会计准则的重视不一。美国、澳大利亚、法国在相关法律中都强调了要遵守会计准则，俄罗斯的《会计法》还特别详细地规定了会计准则的制定要求以及会计准则委员会的设立、运行和职能，而其他国家则没有明确会计准则的法律地位。

（二）我国《会计法》与之比较的异同

我国现行《会计法》规范的主要内容包括会计核算、会计监督、会计机构和人员、法律责任等。与上述英美法系和大陆法系国家以及俄罗斯《会计法》相比，其主要异同如下：

（1）就立法目的来看，我国《会计法》与这些国家会计立法的目的基本相同。尽管我国《会计法》将其目的表述为“规范会计行为，保证会计资料真实、完整，加强经济管理和财务管理，提高经济效益，维护社会主义市场经济秩序”，但就实际内容而言，其主要目的是确保会计信息真实，只不过我国《会计法》在表述上作了一定“延伸”，将“直接目的”与“根本目的”结合起来了。

（2）就规范的主要内容来看，对于涉及会计信息质量的确认、计量、记录和报告四个会计核算的重要环节，我国《会计法》与这些国家的会计立法基本一样，着重对会计记录与会计报告进行了具体规范，而基本没有涉及会计确认和计量。在会计记录的法律规范方面，我国《会计法》与澳大利亚、英国、法国、俄罗斯的做法类似，规定得较为详细和具体。在会计报告规范方面，我国《会计法》的规定不及澳大利亚、法国、德国、日本、俄罗斯等国家对会计报告的规定详细、具体。

（3）从现有法律来看，我国《会计法》对会计机构设置与会计人员管理提出了具体要求，而这些国家对单位内部是否以及如何设立会计机构、会计从业人员如何管理等没有提出明确的法律要求（部分国家对政府部门的会计人员从业管理有法律要求）。

（4）我国《会计法》将会计监督（管）作为重点提出法律要求的做法，与俄罗斯基本相同。我国《会计法》对会计监督的法律规定主要是针对单位内部会计监督和外部会计监督（管）提出要求，而俄罗斯《会计法》还对除联邦《会计法》之外的重要会计规范——会计准则及其制定等提出了明确的法律要求，此外，俄罗斯《会计法》还特别强调了“监管标准体系”及其内容的法律要求。

（5）在法律责任规范方面，我国《会计法》认定的法律责任只涉及行政法律责任和刑事法律责任，而美国、英国、澳大利亚、日本等国均设置了民事法律责任条款。另外，我国《会计法》规定的行政处罚（如罚款）偏轻，而美国、法国等国以及俄罗斯对提供虚假会计报告的会计违法行为都是处以高额罚款。

（6）在会计年度规范方面，我国《会计法》强调所有单位均采用历年制会计年度（即1月1日至12月31日），与预算年度、计划年度以及统计年度高度一致，而这些国家中除德国和俄罗斯外，都不强制使用历年制会计年度，而且会计年度的具体起止时间可以根据自身情况确定。因此，也就出现了英国、日本等的“四月制”会计年度（4月1日至3月31日）、澳大利亚等的“七月制”会计年度（7月1日至6月30日）、美国等部分企业的“十月制”会计年度（10月1日至9月30日）。此外，多数国家都对首个会计年度和后续会计年度的确定提出了具体的法律要求。

（7）在内部控制规范方面，我国现行《会计法》尚未明确，仅仅在单位内部会计监督制度方面有所涉及，但美国、俄罗斯明确必须建立有效的内部控制制度。从实际执行情况来看，西方发达国家的公司治理机制中都十分强调内部控制的作用。

（8）关于会计法的适用范围或立法方式问题。我国《会计法》与俄罗斯一样，适用于所有单位或组织。由于英、美等大多数国家没有制定单独的会计法，而是通过公司法或商法等来规定会计行为的法律要求，因此，就不可避免地出现了区分不同对象“分开立法”的必然结果。这种现象是一个国家的法律体制决定的。

二、对我国《会计法》修订的建议

《会计法》修订是一项复杂的系统工程。它既涉及一国之法律制度框架体系的构建，特别是经济法律制度的合理安排，又涉及会计法律法规体系的结构优化与功能细分。我们认为，我国《会计法》修订首先需要厘清两个基础性问题，一是在整个国家的法律体系特别是经济管理法律框架中如何定位会计行为的法律制度，这个问题涉及如何理解会计工作在整个国家的宏观经济管理（包括对市场的调节与控制）与微观经济管理中的地位和作用；二是在整个会计法律制度体系中如何理解《会计法》与其他法律法规、规章制度的逻辑关系，包括全国人大颁布的会计法律、国务院颁布的会计法规、国务院部委发布的会计行政规章等之间的基本从属关系等。此外，还要注意厘清“法律修订”与“法律制定”的基本关系，法律修订与法律制定有需要遵循的相同原则，也有需要区别的不同要求。

基于此，提出我国现行《会计法》修订的相关建议以下：

1. 遵循我国现有的法律制度框架，重在进一步完善或优化我国《会计法》的结构和内容。

从会计工作角度看，我国现行的法律制度框架是：《预算法》《合同法》《公司法》《证券法》《商业银行法》《企业国有资产法》《价格法》《劳动法》《审计法》《注册会计师法》和各种税法以及《刑法》

等分别从各个不同角度约束企业等单位的管理行为（包括会计行为），这些法律之间形成一种立体式、网络状的契合关系。就会计行为规范来看，这种立法模式与俄罗斯、法国基本相似，到目前为止，没有发现其存在致命缺陷。因此，此次《会计法》修订无需改变我国现有的法律制度结构。不少学者建议我国比照英、美等国的做法，分别就企业和政府与非营利组织（即政府会计主体）来制定相关的会计法律，我们认为此举没有必要，主要理由是英、美等国没有统一的会计法律（或法案），因而只能在规范公司行为的《公司法》中同时规范其会计行为，在规范政府部门资金管理行为的《预算与会计法案》（美国）、《政府资源和会计法》（英国）中规范其会计行为。另外，重构法律框架的“成本”很高，只能是“不得已而为之”。

2. 遵循我国现有的会计规范体系框架，重在进一步厘清《会计法》与其他会计规范的逻辑关系，完善或优化我国现行《会计法》的具体内容。

我国现行的会计规范体系主要包括三个层面的内容：一是会计行为的法律规范，即《会计法》，由全国人大常委会制定颁布；二是会计行为的行政法规，包括《企业财务会计报告条例》《总会计师条例》，由国务院制定颁布；三是会计行为的部门规章（或行政规章），包括《企业会计准则》《政府会计准则》《企业内部控制基本规范》《管理会计基本指引》《会计人员管理办法》《会计专业技术人员继续教育规定》《会计档案管理办法》等“国家统一的会计制度”，由财政部或其会同国务院相关部门制定发布。这三个层次的规范具有自上而下的“垂直隶属关系”，且最终统一于《会计法》。在这个体系中，目前存在的最主要问题是，《会计法》与其“统领”的行政法规、部门规章之间的逻辑关系体现得不够清晰，“上位法”与“下位法”之间尚存在较大的契合空间。另外，作为会计规范体系中间层次的行政法规（如《企业财务会计报告条例》）的“桥梁”作用如何更好发挥，值得高度关注。我们认为，《会计法》作为我国会计规范体系中的最高“上位法”，在内容结构的安排上，应该充分考虑我国会计实践的最新发展和我国会计工作管理的客观要求，除会计核算与会计监督（管）外，将管理会计、内部控制以及会计诚信等问题纳入其规范范畴；在具体条款设计上，考虑到其与不同“下位法”的逻辑关系与分工要求，尽量采用“原则性导向”的思维和处理方式（法律责任的认定及其处罚除外），重点对会计（核算）工作的“共性要求”“底线要求”进行界定，而不要纠缠细节性的要求（如操作技术层面的问题）。在这一方面，美国SOX法案中“轻过程、重结果”① 的做法值得借鉴，会计信息处理与披露等技术和操作层面的问题（包括会计凭证填制、账簿登记以及会计报告编制等）完全可以由会计准则等国家统一的会计制度来规定。

3. 建议将“管理会计”“内部控制”“会计准则”等纳入我国《会计法》规范的范畴。

管理会计工作的核心是深度利用会计信息实现价值管理（即财务管理）与业务活动的高度融合，其实质是利用会计方法促成单位内部经济资源的优化配置。就管理会计工作的本质特征而言，其具有明显的“个性化”特征，不具有符合一般立法所要求的“公共属性”。但鉴于我国国有企业、行政事业单位和上市公司在数量、规模等方面的特殊性，以及它们在我国国民经济发展中的特殊地位，政府从引导经济组织强化管理、提高效率的角度，特别是为了体现国家在宏观管理方面的“意志”，也可以通过法律形式对其提出要求（类似的如我国的《循环经济促进法》等）。我国现行《会计法》尚未涉及对单位管理会计行为的规范，因此，有必要在《会计法》修订中填补这一空白，也为我国在国有企业、行政事业单位等推行管理会计体系建设提供充分的法律依据。但对于管理会计行为的法律规范，建议宜粗不宜细。

会计学与审计学领域已经有大量的研究成果表明，内部控制制度是

---

① 美国SOX法案的最大亮点是加大了对提供虚假财务报告的相关人员（包括公司负责人、首席财务官、会计人员以及审计人员等）的惩处，而对于会计确认、计量、记录和报告的具体操作问题涉及很少，这些内容已经有美国一般公认会计原则以及会计惯例等加以规范。

保证企业会计信息质量的“制度基础”。因此，会计信息的生成与提供（披露）离不开内部控制这一制度基础。会计信息的“初步利用”与“深度利用”已经内化为单位的专业化价值管理行为和价值管理与业务管理有机融合的综合性管理行为，单位主体自身的这些会计管理行为同样必须以内部控制制度作为其有序进行的制度基础。单位如果建立并有效实施了内部控制，其会计信息的生成与结果就具有了“制度保证”，因而高质量的会计信息才具有产生的“土壤”。正因为内部控制是保证会计信息质量的“制度基础”，所以注册会计师在对财务报告进行鉴证时都特别关注客户内部控制制度及其有效性。由于会计信息质量是会计工作立法所关注的首要问题，因此，我国应该借鉴美国、俄罗斯等国的做法，在《会计法》中对单位内部控制的建立和实施提出明确要求，但建议与管理会计一样，对内部控制的法律要求尽量简明扼要。

会计准则是会计确认、计量、记录和报告的“技术性标准”，也是决定会计核算信息质量的首要标准。因此，会计准则应该具有相应的法律地位。我国现行《会计法》中没有涉及对会计准则的相应规范，建议比照美国、法国以及俄罗斯等国家的做法，在法律层面明确会计准则的法律地位。具体建议是：（1）在“总则”部分单独设置条款明确会计准则的含义、制定机构（会计准则委员会）以及机构的主要职责；（2）在“会计核算”部分增加一个条款作为该部分的第一条，内容为“会计准则是会计核算的主要依据。各单位应当依据会计准则等国家统一的会计制度对会计要素进行确认、计量、记录和报告”。此外，建议财政部专门制定、发布我国会计准则制定的“管理办法”，作为国家统一的会计制度的组成内容。

4. 将“构建会计信息质量保障机制”作为我国会计立法的重点。

将管理会计纳入《会计法》，仅仅是在法律层面对其进行“引导性”规范（类似我国《循环经济促进法》的做法），前已述及，管理会计行为的本质特征决定了对它的法律要求只能“宜粗不宜细”。另外，也有专家学者建议将“财务管理”[①] 行为也纳入《会计法》规范的范畴。其实，在市场经济环境中，以投融资为主要内容的企业财务管理活动，已经有相应法律加以规范，如《公司法》《证券法》《企业国有资产法》《商业银行法》以及各种税法等。因此，按法律制定或修订的“填补空白”或“补充”等基本原则，无需再制定关于财务管理行为的法律规范。无论是英美法系国家还是大陆法系国家，其会计立法主要是针对如何确保会计核算信息的真实性，因此，我国《会计法》修订应特别关注构建会计信息质量的保证机制（包含会计准则制定机制、会计监督或监管机制、会计人员权益保护机制等）以及对会计造假行为的处罚。俄罗斯的会计立法就是遵循了这种思路。

其中，强调会计准则的法律地位、规范会计准则制定机构的确立与运作程序等属于会计准则制定机制的内容。对于会计监督（或监管）机制，应该采用“强调”单位建立和完善内部自律性约束机制（包括内部控制）、“强化”外部他律性约束机制（包括政府的会计监管、社会中介的会计监督等）的基本思路，我国现行《会计法》对外部会计监管的条款要进一步细化。对于会计人员权益保护机制，主要应该是明确会计人员正当权益保护制度，建议参照美国 SOX 法案对会计人员权益保护的具体而详细的法律规定。

5. 重点关注会计违法行为法律责任的体系构建与条款设计。

我国现行《会计法》认定的法律责任只涉及行政法律责任和刑事法律责任，没有涉及民事法律责任，而且，会计行政法律责任的认定也需要进一步完善。我们认为，引入民事法律责任、完善行政法律责任应该是此次《会计法》“法律责任”部分修订的重点。在市场经济环境中，会计违法行为往往会损害其他利益相关者的经济利益，因此，重视民事救助，引入民事法律责任，成为完善会计法律责任体系最具突破性的一步。同时，多数会计违法行为往往与谋求不当利益有关，如通过

① 从会计学科发展的理论逻辑与实践来看，会计工作包括财务会计核算、管理会计和财务管理等内容。

“虚增利润”获得高管薪酬激励或股权分红，通过推迟确认收入或多计费用来规避所得税等。对于这些违法所得，理应予以没收。因此，应通过增加“没收违法所得”以及按违法所得的一定倍数加以并处等行政处罚，来进一步充实会计违法行为的行政法律责任的内容。而且，现行《会计法》在会计行政法律责任设置上还存在处罚力度偏轻的问题，惩处力度不足以威慑会计违法行为，因而建议考虑现实经济发展水平和物价水平，适当提高定额经济处罚的额度。此外，我国《会计法》应该尽量细化会计违法行为的内容以及对应的法律责任、处罚方式。

6. 对“会计年度”、“记账货币”等的建议。

我国现行《会计法》对会计年度是采用强制性的统一要求，此做法有利有弊。从国外做法看，俄罗斯和德国是要求采用历年制会计年度并与预算年度保持一致，而其他主要国家没有强制要求。参照其他国家的做法，建议在我国现行强制性要求的基础上，允许特殊情况的企业在经过审批程序后可以例外（德国允许特殊行业的政府机构经过财政部批准后可以例外）。对于记账货币，澳大利亚《商业公司法》允许公司选择记账货币，但如果信息使用者有要求，公司必须将其翻译成英文；俄罗斯《会计法》明确规定了“会计对象的货币计量以俄罗斯联邦的货币计算，除俄罗斯联邦立法另有规定外，以外币表示的会计项目应重新计算为俄罗斯联邦的货币”；法国《会计法》没有明确规定，其他国家的法律中暂时未见有明确规定。因此，基于会计工作成本考虑，建议我国《会计法》仍然保持现有规定，即采用统一的记账本位币。

（本文摘自2018年度财政部重点会计科研课题“会计立法国际比较研究”研究报告，作者为唐国平、吴德军、黎江虹、陈辉等）

第三部分

附　　录

附录一 《中华人民共和国会计法》全文

中华人民共和国会计法（2024年修正）

（1985年1月21日第六届全国人民代表大会常务委员会第九次会议通过，根据1993年12月29日第八届全国人民代表大会常务委员会第五次会议《关于修改〈中华人民共和国会计法〉的决定》第一次修正，1999年10月31日第九届全国人民代表大会常务委员会第十二次会议修订，根据2017年11月4日第十二届全国人民代表大会常务委员会第三十次会议《关于修改〈中华人民共和国会计法〉等十一部法律的决定》第二次修正，根据2024年6月28日第十四届全国人民代表大会常务委员会第十次会议《关于修改〈中华人民共和国会计法〉的决定》第三次修正）

第一章 总 则

第一条 为了规范会计行为，保证会计资料真实、完整，加强经济管理和财务管理，提高经济效益，维护社会主义市场经济秩序，制定本法。

第二条 会计工作应当贯彻落实党和国家路线方针政策、决策部署，维护社会公共利益，为国民经济和社会发展服务。

国家机关、社会团体、公司、企业、事业单位和其他组织（以下统称单位）必须依照本法办理会计事务。

第三条 各单位必须依法设置会计账簿，并保证其真实、完整。

第四条　单位负责人对本单位的会计工作和会计资料的真实性、完整性负责。

第五条　会计机构、会计人员依照本法规定进行会计核算，实行会计监督。

任何单位或者个人不得以任何方式授意、指使、强令会计机构、会计人员伪造、变造会计凭证、会计账簿和其他会计资料，提供虚假财务会计报告。

任何单位或者个人不得对依法履行职责、抵制违反本法规定行为的会计人员实行打击报复。

第六条　对认真执行本法，忠于职守，坚持原则，作出显著成绩的会计人员，给予精神的或者物质的奖励。

第七条　国务院财政部门主管全国的会计工作。

县级以上地方各级人民政府财政部门管理本行政区域内的会计工作。

第八条　国家实行统一的会计制度。国家统一的会计制度由国务院财政部门根据本法制定并公布。

国务院有关部门可以依照本法和国家统一的会计制度制定对会计核算和会计监督有特殊要求的行业实施国家统一的会计制度的具体办法或者补充规定，报国务院财政部门审核批准。

国家加强会计信息化建设，鼓励依法采用现代信息技术开展会计工作，具体办法由国务院财政部门会同有关部门制定。

第二章　会计核算

第九条　各单位必须根据实际发生的经济业务事项进行会计核算，填制会计凭证，登记会计账簿，编制财务会计报告。

任何单位不得以虚假的经济业务事项或者资料进行会计核算。

第十条　各单位应当对下列经济业务事项办理会计手续，进行会计核算：

（一）资产的增减和使用；

（二）负债的增减；

（三）净资产（所有者权益）的增减；

（四）收入、支出、费用、成本的增减；

（五）财务成果的计算和处理；

（六）需要办理会计手续、进行会计核算的其他事项。

第十一条 会计年度自公历 1 月 1 日起至 12 月 31 日止。

第十二条 会计核算以人民币为记账本位币。

业务收支以人民币以外的货币为主的单位，可以选定其中一种货币作为记账本位币，但是编报的财务会计报告应当折算为人民币。

第十三条 会计凭证、会计账簿、财务会计报告和其他会计资料，必须符合国家统一的会计制度的规定。

使用电子计算机进行会计核算的，其软件及其生成的会计凭证、会计账簿、财务会计报告和其他会计资料，也必须符合国家统一的会计制度的规定。

任何单位和个人不得伪造、变造会计凭证、会计账簿及其他会计资料，不得提供虚假的财务会计报告。

第十四条 会计凭证包括原始凭证和记账凭证。

办理本法第十条所列的经济业务事项，必须填制或者取得原始凭证并及时送交会计机构。

会计机构、会计人员必须按照国家统一的会计制度的规定对原始凭证进行审核，对不真实、不合法的原始凭证有权不予接受，并向单位负责人报告；对记载不准确、不完整的原始凭证予以退回，并要求按照国家统一的会计制度的规定更正、补充。

原始凭证记载的各项内容均不得涂改；原始凭证有错误的，应当由出具单位重开或者更正，更正处应当加盖出具单位印章。原始凭证金额有错误的，应当由出具单位重开，不得在原始凭证上更正。

记账凭证应当根据经过审核的原始凭证及有关资料编制。

第十五条　会计账簿登记，必须以经过审核的会计凭证为依据，并符合有关法律、行政法规和国家统一的会计制度的规定。会计账簿包括总账、明细账、日记账和其他辅助性账簿。

会计账簿应当按照连续编号的页码顺序登记。会计账簿记录发生错误或者隔页、缺号、跳行的，应当按照国家统一的会计制度规定的方法更正，并由会计人员和会计机构负责人（会计主管人员）在更正处盖章。

使用电子计算机进行会计核算的，其会计账簿的登记、更正，应当符合国家统一的会计制度的规定。

第十六条　各单位发生的各项经济业务事项应当在依法设置的会计账簿上统一登记、核算，不得违反本法和国家统一的会计制度的规定私设会计账簿登记、核算。

第十七条　各单位应当定期将会计账簿记录与实物、款项及有关资料相互核对，保证会计账簿记录与实物及款项的实有数额相符、会计账簿记录与会计凭证的有关内容相符、会计账簿之间相对应的记录相符、会计账簿记录与会计报表的有关内容相符。

第十八条　各单位采用的会计处理方法，前后各期应当一致，不得随意变更；确有必要变更的，应当按照国家统一的会计制度的规定变更，并将变更的原因、情况及影响在财务会计报告中说明。

第十九条　单位提供的担保、未决诉讼等或有事项，应当按照国家统一的会计制度的规定，在财务会计报告中予以说明。

第二十条　财务会计报告应当根据经过审核的会计账簿记录和有关资料编制，并符合本法和国家统一的会计制度关于财务会计报告的编制要求、提供对象和提供期限的规定；其他法律、行政法规另有规定的，从其规定。

向不同的会计资料使用者提供的财务会计报告，其编制依据应当一致。有关法律、行政法规规定财务会计报告须经注册会计师审计的，注册会计师及其所在的会计师事务所出具的审计报告应当随同财务会计报告一并提供。

第二十一条 财务会计报告应当由单位负责人和主管会计工作的负责人、会计机构负责人（会计主管人员）签名并盖章；设置总会计师的单位，还须由总计师签名并盖章。

单位负责人应当保证财务会计报告真实、完整。

第二十二条 会计记录的文字应当使用中文。在民族自治地方，会计记录可以同时使用当地通用的一种民族文字。在中华人民共和国境内的外商投资企业、外国企业和其他外国组织的会计记录可以同时使用一种外国文字。

第二十三条 各单位对会计凭证、会计账簿、财务会计报告和其他会计资料应当建立档案，妥善保管。会计档案的保管期限、销毁、安全保护等具体管理办法，由国务院财政部门会同有关部门制定。

第二十四条 各单位进行会计核算不得有下列行为：

（一）随意改变资产、负债、净资产（所有者权益）的确认标准或者计量方法，虚列、多列、不列或者少列资产、负债、净资产（所有者权益）；

（二）虚列或者隐瞒收入，推迟或者提前确认收入；

（三）随意改变费用、成本的确认标准或者计量方法，虚列、多列、不列或者少列费用、成本；

（四）随意调整利润的计算、分配方法，编造虚假利润或者隐瞒利润；

（五）违反国家统一的会计制度规定的其他行为。

第三章 会计监督

第二十五条 各单位应当建立、健全本单位内部会计监督制度并将其纳入本单位内部控制制度。单位内部会计监督制度应当符合下列要求：

（一）记账人员与经济业务事项和会计事项的审批人员、经办人员、财物保管人员的职责权限应当明确，并相互分离、相互制约；

（二）重大对外投资、资产处置、资金调度和其他重要经济业务事项的决策和执行的相互监督、相互制约程序应当明确；

（三）财产清查的范围、期限和组织程序应当明确；

（四）对会计资料定期进行内部审计的办法和程序应当明确；

（五）国务院财政部门规定的其他要求。

第二十六条　单位负责人应当保证会计机构、会计人员依法履行职责，不得授意、指使、强令会计机构、会计人员违法办理会计事项。

会计机构、会计人员对违反本法和国家统一的会计制度规定的会计事项，有权拒绝办理或者按照职权予以纠正。

第二十七条　会计机构、会计人员发现会计账簿记录与实物、款项及有关资料不相符的，按照国家统一的会计制度的规定有权自行处理的，应当及时处理；无权处理的，应当立即向单位负责人报告，请求查明原因，作出处理。

第二十八条　任何单位和个人对违反本法和国家统一的会计制度规定的行为，有权检举。收到检举的部门有权处理的，应当依法按照职责分工及时处理；无权处理的，应当及时移送有权处理的部门处理。收到检举的部门、负责处理的部门应当为检举人保密，不得将检举人姓名和检举材料转给被检举单位和被检举人个人。

第二十九条　有关法律、行政法规规定，须经注册会计师进行审计的单位，应当向受委托的会计师事务所如实提供会计凭证、会计账簿、财务会计报告和其他会计资料以及有关情况。

任何单位或者个人不得以任何方式要求或者示意注册会计师及其所在的会计师事务所出具不实或者不当的审计报告。

财政部门有权对会计师事务所出具审计报告的程序和内容进行监督。

第三十条　财政部门对各单位的下列情况实施监督：

（一）是否依法设置会计账簿；

（二）会计凭证、会计账簿、财务会计报告和其他会计资料是否真实、完整；

（三）会计核算是否符合本法和国家统一的会计制度的规定；

（四）从事会计工作的人员是否具备专业能力、遵守职业道德。

在对前款第（二）项所列事项实施监督，发现重大违法嫌疑时，国务院财政部门及其派出机构可以向与被监督单位有经济业务往来的单位和被监督单位开立账户的金融机构查询有关情况，有关单位和金融机构应当给予支持。

第三十一条 财政、审计、税务、金融管理等部门应当依照有关法律、行政法规规定的职责，对有关单位的会计资料实施监督检查，并出具检查结论。

财政、审计、税务、金融管理等部门应当加强监督检查协作，有关监督检查部门已经作出的检查结论能够满足其他监督检查部门履行本部门职责需要的，其他监督检查部门应当加以利用，避免重复查账。

第三十二条 依法对有关单位的会计资料实施监督检查的部门及其工作人员对在监督检查中知悉的国家秘密、工作秘密、商业秘密、个人隐私、个人信息负有保密义务。

第三十三条 各单位必须依照有关法律、行政法规的规定，接受有关监督检查部门依法实施的监督检查，如实提供会计凭证、会计账簿、财务会计报告和其他会计资料以及有关情况，不得拒绝、隐匿、谎报。

第四章 会计机构和会计人员

第三十四条 各单位应当根据会计业务的需要，依法采取下列一种方式组织本单位的会计工作：

（一）设置会计机构；

（二）在有关机构中设置会计岗位并指定会计主管人员；

（三）委托经批准设立从事会计代理记账业务的中介机构代理记账；

（四）国务院财政部门规定的其他方式。

国有的和国有资本占控股地位或者主导地位的大、中型企业必须设置总会计师。总会计师的任职资格、任免程序、职责权限由国务院规定。

第三十五条　会计机构内部应当建立稽核制度。

出纳人员不得兼任稽核、会计档案保管和收入、支出、费用、债权债务账目的登记工作。

第三十六条　会计人员应当具备从事会计工作所需要的专业能力。

担任单位会计机构负责人（会计主管人员）的，应当具备会计师以上专业技术职务资格或者从事会计工作三年以上经历。

本法所称会计人员的范围由国务院财政部门规定。

第三十七条　会计人员应当遵守职业道德，提高业务素质，严格遵守国家有关保密规定。对会计人员的教育和培训工作应当加强。

第三十八条　因有提供虚假财务会计报告，做假账，隐匿或者故意销毁会计凭证、会计账簿、财务会计报告，贪污，挪用公款，职务侵占等与会计职务有关的违法行为被依法追究刑事责任的人员，不得再从事会计工作。

第三十九条　会计人员调动工作或者离职，必须与接管人员办清交接手续。

一般会计人员办理交接手续，由会计机构负责人（会计主管人员）监交；会计机构负责人（会计主管人员）办理交接手续，由单位负责人监交，必要时主管单位可以派人会同监交。

第五章　法律责任

第四十条　违反本法规定，有下列行为之一的，由县级以上人民政府财政部门责令限期改正，给予警告、通报批评，对单位可以并处二十万元以下的罚款，对其直接负责的主管人员和其他直接责任人员可以处五万元以下的罚款；情节严重的，对单位可以并处二十万元以上一百万元以下的罚款，对其直接负责的主管人员和其他直接责任人员可以处五万元以上五十万元以下的罚款；属于公职人员的，还应当依法给予处分：

（一）不依法设置会计账簿的；

（二）私设会计账簿的；

（三）未按照规定填制、取得原始凭证或者填制、取得的原始凭证不符合规定的；

（四）以未经审核的会计凭证为依据登记会计账簿或者登记会计账簿不符合规定的；

（五）随意变更会计处理方法的；

（六）向不同的会计资料使用者提供的财务会计报告编制依据不一致的；

（七）未按照规定使用会计记录文字或者记账本位币的；

（八）未按照规定保管会计资料，致使会计资料毁损、灭失的；

（九）未按照规定建立并实施单位内部会计监督制度或者拒绝依法实施的监督或者不如实提供有关会计资料及有关情况的；

（十）任用会计人员不符合本法规定的。

有前款所列行为之一，构成犯罪的，依法追究刑事责任。

会计人员有第一款所列行为之一，情节严重的，五年内不得从事会计工作。

有关法律对第一款所列行为的处罚另有规定的，依照有关法律的规定办理。

第四十一条　伪造、变造会计凭证、会计账簿，编制虚假财务会计报告，隐匿或者故意销毁依法应当保存的会计凭证、会计账簿、财务会计报告的，由县级以上人民政府财政部门责令限期改正，给予警告、通报批评，没收违法所得，违法所得二十万元以上的，对单位可以并处违法所得一倍以上十倍以下的罚款，没有违法所得或者违法所得不足二十万元的，可以并处二十万元以上二百万元以下的罚款；对其直接负责的主管人员和其他直接责任人员可以处十万元以上五十万元以下的罚款，情节严重的，可以处五十万元以上二百万元以下的罚款；属于公职人员的，还应当依法给予处分；其中的会计人员，五年内不得从事会计工作；构成犯罪的，依法追究刑事责任。

第四十二条　授意、指使、强令会计机构、会计人员及其他人员伪造、变造会计凭证、会计账簿，编制虚假财务会计报告或者隐匿、故意销毁依法应当保存的会计凭证、会计账簿、财务会计报告的，由县级以上人民政府财政部门给予警告、通报批评，可以并处二十万元以上一百万元以下的罚款；情节严重的，可以并处一百万元以上五百万元以下的罚款；属于公职人员的，还应当依法给予处分；构成犯罪的，依法追究刑事责任。

第四十三条　单位负责人对依法履行职责、抵制违反本法规定行为的会计人员以降级、撤职、调离工作岗位、解聘或者开除等方式实行打击报复，依法给予处分；构成犯罪的，依法追究刑事责任。对受打击报复的会计人员，应当恢复其名誉和原有职务、级别。

第四十四条　财政部门及有关行政部门的工作人员在实施监督管理中滥用职权、玩忽职守、徇私舞弊或者泄露国家秘密、工作秘密、商业秘密、个人隐私、个人信息的，依法给予处分；构成犯罪的，依法追究刑事责任。

第四十五条　违反本法规定，将检举人姓名和检举材料转给被检举单位和被检举人个人的，依法给予处分。

第四十六条　违反本法规定，但具有《中华人民共和国行政处罚法》规定的从轻、减轻或者不予处罚情形的，依照其规定从轻、减轻或者不予处罚。

第四十七条　因违反本法规定受到处罚的，按照国家有关规定记入信用记录。

违反本法规定，同时违反其他法律规定的，由有关部门在各自职权范围内依法进行处罚。

第六章 附 则

第四十八条 本法下列用语的含义：

单位负责人，是指单位法定代表人或者法律、行政法规规定代表单位行使职权的主要负责人。

国家统一的会计制度，是指国务院财政部门根据本法制定的关于会计核算、会计监督、会计机构和会计人员以及会计工作管理的制度。

第四十九条 中央军事委员会有关部门可以依照本法和国家统一的会计制度制定军队实施国家统一的会计制度的具体办法，抄送国务院财政部门。

第五十条 个体工商户会计管理的具体办法，由国务院财政部门根据本法的原则另行规定。

第五十一条 本法自 2000 年 7 月 1 日起施行。

附录二　关于修改《中华人民共和国会计法》的决定

全国人民代表大会常务委员会
关于修改《中华人民共和国会计法》的决定
（2024年6月28日第十四届全国人民代表大会常务委员会
第十次会议通过）

第十四届全国人民代表大会常务委员会第十次会议决定对《中华人民共和国会计法》作如下修改：

一、第二条增加一款，作为第一款："会计工作应当贯彻落实党和国家路线方针政策、决策部署，维护社会公共利益，为国民经济和社会发展服务。"

二、将第八条第三款单列一条，作为第四十九条，修改为："中央军事委员会有关部门可以依照本法和国家统一的会计制度制定军队实施国家统一的会计制度的具体办法，抄送国务院财政部门。"

第八条增加一款，作为第三款："国家加强会计信息化建设，鼓励依法采用现代信息技术开展会计工作，具体办法由国务院财政部门会同有关部门制定。"

三、将第十条、第二十五条合并，作为第十条，修改为："各单位应当对下列经济业务事项办理会计手续，进行会计核算：

（一）资产的增减和使用；

（二）负债的增减；

（三）净资产（所有者权益）的增减；

（四）收入、支出、费用、成本的增减；

（五）财务成果的计算和处理；

（六）需要办理会计手续、进行会计核算的其他事项。”

四、将第二十条第二款修改为：“向不同的会计资料使用者提供的财务会计报告，其编制依据应当一致。有关法律、行政法规规定财务会计报告须经注册会计师审计的，注册会计师及其所在的会计师事务所出具的审计报告应当随同财务会计报告一并提供。”

五、将第二十三条修改为：“各单位对会计凭证、会计账簿、财务会计报告和其他会计资料应当建立档案，妥善保管。会计档案的保管期限、销毁、安全保护等具体管理办法，由国务院财政部门会同有关部门制定。”

六、将第三章并入第二章，删去第二十四条。

七、将第二十七条改为第二十五条，在“各单位应当建立、健全本单位内部会计监督制度”后增加“并将其纳入本单位内部控制制度”。

增加一项，作为第五项：“（五）国务院财政部门规定的其他要求”。

八、将第三十三条改为第三十一条，修改为：“财政、审计、税务、金融管理等部门应当依照有关法律、行政法规规定的职责，对有关单位的会计资料实施监督检查，并出具检查结论。”

“财政、审计、税务、金融管理等部门应当加强监督检查协作，有关监督检查部门已经作出的检查结论能够满足其他监督检查部门履行本部门职责需要的，其他监督检查部门应当加以利用，避免重复查账。”

九、将第三十六条改为第三十四条，第一款修改为：“各单位应当根据会计业务的需要，依法采取下列一种方式组织本单位的会计工作：

（一）设置会计机构；

（二）在有关机构中设置会计岗位并指定会计主管人员；

（三）委托经批准设立从事会计代理记账业务的中介机构代理记账；

（四）国务院财政部门规定的其他方式。”

将第二款中的“国有资产”修改为“国有资本”。

十、将第四十二条改为第四十条，第一款第一自然段修改为：“违反本法规定，有下列行为之一的，由县级以上人民政府财政部门责令限期改正，给予警告、通报批评，对单位可以并处二十万元以下的罚款，对其直接负责的主管人员和其他直接责任人员可以处五万元以下的罚款；情节严重的，对单位可以并处二十万元以上一百万元以下的罚款，对其直接负责的主管人员和其他直接责任人员可以处五万元以上五十万元以下的罚款；属于公职人员的，还应当依法给予处分。”

十一、将第四十三条、第四十四条合并，作为第四十一条，修改为：“伪造、变造会计凭证、会计账簿，编制虚假财务会计报告，隐匿或者故意销毁依法应当保存的会计凭证、会计账簿、财务会计报告的，由县级以上人民政府财政部门责令限期改正，给予警告、通报批评，没收违法所得，违法所得二十万元以上的，对单位可以并处违法所得一倍以上十倍以下的罚款，没有违法所得或者违法所得不足二十万元的，可以并处二十万元以上二百万元以下的罚款；对其直接负责的主管人员和其他直接责任人员可以处十万元以上五十万元以下的罚款，情节严重的，可以处五十万元以上二百万元以下的罚款；属于公职人员的，还应当依法给予处分；其中的会计人员，五年内不得从事会计工作；构成犯罪的，依法追究刑事责任。”

十二、将第四十五条改为第四十二条，修改为：“授意、指使、强令会计机构、会计人员及其他人员伪造、变造会计凭证、会计账簿，编制虚假财务会计报告或者隐匿、故意销毁依法应当保存的会计凭证、会计账簿、财务会计报告的，由县级以上人民政府财政部门给予警告、通报批评，可以并处二十万元以上一百万元以下的罚款；情节严重的，可以并处一百万元以上五百万元以下的罚款；属于公职人员的，还应当依法给予处分；构成犯罪的，依法追究刑事责任。”

十三、增加一条，作为第四十六条：“违反本法规定，但具有《中华人民共和国行政处罚法》规定的从轻、减轻或者不予处罚情形的，依照其规定从轻、减轻或者不予处罚。”

十四、将第四十九条改为第四十七条，增加一款，作为第一款：“因违反本法规定受到处罚的，按照国家有关规定记入信用记录。”

十五、对部分条文作以下修改：

（一）将第二十六条改为第二十四条，其中的“公司、企业”修改为“各单位”，“所有者权益”修改为“净资产（所有者权益）”。

（二）将第三十四条改为第三十二条，其中的“国家秘密和商业秘密”修改为“国家秘密、工作秘密、商业秘密、个人隐私、个人信息”。

（三）将第三十九条改为第三十七条，在“提高业务素质”后增加“严格遵守国家有关保密规定”。

（四）将第四十六条改为第四十三条，其中的“构成犯罪的，依法追究刑事责任；尚不构成犯罪的，由其所在单位或者有关单位依法给予行政处分”修改为“依法给予处分；构成犯罪的，依法追究刑事责任”。

（五）将第四十七条改为第四十四条，其中的“泄露国家秘密、商业秘密，构成犯罪的，依法追究刑事责任；尚不构成犯罪的，依法给予行政处分”修改为“泄露国家秘密、工作秘密、商业秘密、个人隐私、个人信息的，依法给予处分；构成犯罪的，依法追究刑事责任”。

（六）将第四十八条改为第四十五条，删去其中的“第三十条”；“由所在单位或者有关单位依法给予行政处分”修改为“依法给予处分”。

（七）将相关条文中的“帐”修改为“账”。

本决定自2024年7月1日起施行。